近出殷周金文集錄

第三册

劉雨　盧岩　編著

中華書局

目　錄

1

3

773	東爵	1	241
774	✿爵	1	242
775	戈爵	1	243
776	貳爵	1	244
777	臱爵	1	245
778	↑爵	1	246
779	仐爵	1	247
780	子爵	1	248
781	子爵	1	249
782	囝爵	1	250
783	史爵	1	251
784	息爵	1	252
785	息爵	1	253
786	息爵	1	254
787	戲方爵	1	255
788	戲方爵	1	256
789	戲爵	1	257
790	生爵	1	258
791	�

爵 | 1 | 259 |
792	壬爵	1	260
793	宁爵	1	261
794	春爵	1	262
795	莒爵	1	263
796	⚿爵	1	264
797	⌘爵	1	265
798	八爵	1	266
799	囚爵	1	267
800	囚爵	1	268
801	囚爵	1	269
802	囚爵	1	270
803	卩爵	1	271
804	屮屮爵	1	272
805	屮爵	1	273
806	祖丁爵	2	274
807	祖辛爵	2	275
808	父乙爵	2	276
809	父乙爵	2	277
810	父己爵	2	278
811	父己爵	2	279

812	父己爵	2	280
813	父己爵	2	281
814	母乙爵	2	282
815	母癸爵	2	283
816	母己爵	2	284
817	乙夬爵	2	285
818	戈乙爵	2	286
819	豕乙爵	2	287
820	亥乙爵	2	288
821	天乙爵	2	289
822	息己爵	2	290
823	息庚爵	2	291
824	息辛爵	2	292
825	息辛爵	2	293
826	斂癸爵	2	294
827	亞獄爵	2	295
828	亞告爵	2	296
829	亞臼爵	2	297
830	亞受爵	2	298
831	米亞爵	2	299
832	亞址角	2	300
833	亞址角	2	301
834	亞址角	2	302
835	亞址角	2	303
836	亞址角	2	304
837	亞址角	2	305
838	亞址角	2	306
839	亞址角	2	307
840	亞址角	2	308
841	亞址角	2	309
842	亞矣爵	2	310
843	子義爵	2	311
844	子工爵	2	312
845	子口爵	2	313
846	尹舟爵	2	314
847	佣舟爵	2	315
848	佣舟爵	2	316
849	兄冊爵	2	317
850	用遣爵	2	318

851	用遣爵	2	319
852	寢出爵	2	320
853	寢印爵	2	322
854	寢印爵	2	323
855	寢印爵	2	324
856	寢印爵	2	325
857	榮門爵	2	326
858	家肇爵	2	327
859	葡戍爵	2	328
860	𠂤右爵	2	329
861	耳竹爵	2	330
862	冊𢎥爵	2	331
863	皿𢆶爵	2	332
864	車犬爵	2	333
865	榮仲爵	2	334
866	旅止𠁁爵	3	335
867	旅止𠁁爵	3	336
868	羊祖己爵	3	337
869	戈父乙爵	3	338
870	宁父乙爵	3	339
871	𠬞父乙爵	3	340
872	黿父乙角	3	341
873	𠁁父丙爵	3	342
874	史父丁爵	3	343
875	𠬞父丁爵	3	344
876	𡠜父丁爵	3	345
877	伐父丁爵	3	346
878	伐父丁爵	3	347
879	亞父己爵	3	348
880	我父己爵	3	349
881	左父辛爵	3	350
882	魚父辛爵	3	351
883	魚父辛爵	3	352
884	𡳽父癸爵	3	353
885	𠁁父癸爵	3	354
886	窮父癸爵	3	355
887	𡠜父癸爵	3	356
888	叔父癸爵	3	357
889	劓父癸爵	3	358

六、卤類

天。

字數:1
度量:通高 21.5 釐米
時代:商代後期
著錄:《考古學報》1986 年 2 期 161—172 頁
出土:1979—1980 年河南羅山縣蟒張鄉天湖村墓葬 1:24
現藏:河南羅山縣文化館

545 ☶ 卣

　　　　　　　　　　　☶。

字數：1
度量：通高 28.7 釐米
時代：商代後期
著録：富士比（1972，11，14：227）
流傳：C. Alorse 先生舊藏；英國倫敦富士比拍賣行

546 䧹卣

䧹。

字數：1
度量：通高 27.3 釐米
時代：商代後期
著錄：富士比(1993,12,7:2)
流傳：英國倫敦富士比拍賣行

547 羊卣

 羊。

字數：1
度量：通高 21.8 釐米
時代：商代後期
著録：《考古》1991 年 10 期 903—907 頁
出土：1986 年底河南安陽市郭莊村北墓葬 M6:29
現藏：河南安陽市文物工作隊

548 龜卣

龜。

字數:1
度量:通高 18.3 釐米
時代:商代後期
著錄:《考古學報》1986 年 2 期 161—172 頁
出土:1979—1980 年河南羅山縣蟒張鄉天湖村墓葬 11:3
現藏:河南羅山縣文化館

549 融卣

　　　　　融。

字數：1
度量：通高 26.3 釐米
時代：商代後期
著錄：《海岱考古》第一輯 256—266 頁
出土：1986 年春山東青州市蘇埠屯墓葬 M8：11
現藏：山東青州市博物館

550 明卣

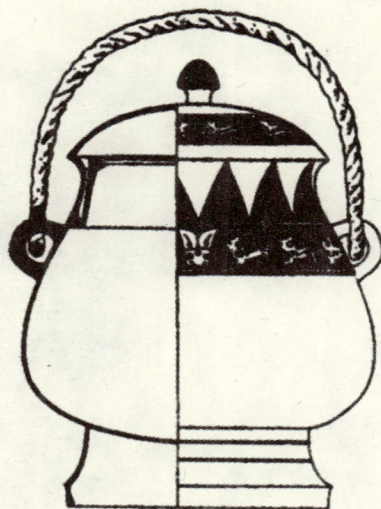

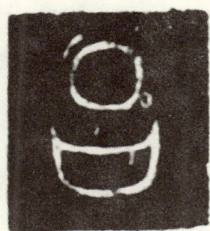

（器）

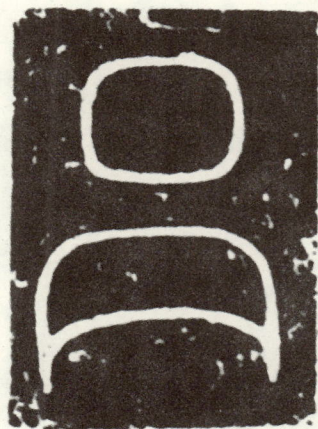

（蓋）

明。

字數：1（蓋器同銘）
度量：通高 30.4 釐米
時代：商代後期
著錄：《文物》1986 年 11 期 14 頁
出土：1985 年 1 月山西靈石縣旌介村墓葬 M2：40
現藏：山西靈石縣文化局

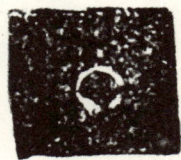

551 ○卣

現藏：陝西麟遊縣博物館

字數：1
度量：通高 20.1 釐米
時代：商代後期
著錄：《考古》1990 年 10 期 879—881 頁
出土：1988 年 7 月陝西麟遊縣九成官鎮後坪村
現藏：陝西麟遊縣博物館

552 丹卣

 丹。

字數:1
度量:通高 27 釐米
時代:商代後期
著録:《文物》1986 年 8 期 76—80 頁
出土:1969 年 7 月河南安陽市豫北紡織廠
現藏:河南安陽市博物館

553 罒卣

字數：1(蓋器同銘)
度量：通高 32.4 釐米
時代：商代後期
著錄：《文物》1986 年 11 期 4 頁
出土：1985 年 1 月山西靈石縣㫋介村墓葬 M1:33
現藏：山西靈石縣文化局
備注：同出兩件，形制、紋飾、銘文基本相同，大小有異

554 囚卣

字數:1
度量:通高 28.5 釐米
時代:商代後期
著錄:富士比(1980,4,15:7)
流傳:英國倫敦富士比拍賣行

555 入卣

　（蓋）　　　入。

　（器）　　　入。

字數：1（蓋器同銘）
度量：通高 22.1 釐米
時代：西周早期
著錄：《高家堡戈國墓》91 頁
出土：1991 年陝西涇陽縣興隆鄉高家堡 M4：17
現藏：陝西涇陽縣博物館

556 八卣

字數：1
度量：通高 31 釐米
時代：西周早期
著錄：《高家堡戈國墓》74 頁
出土：1991 年陝西涇陽縣興隆鄉高家堡 M4：28
現藏：陝西涇陽縣博物館

557 父乙卣

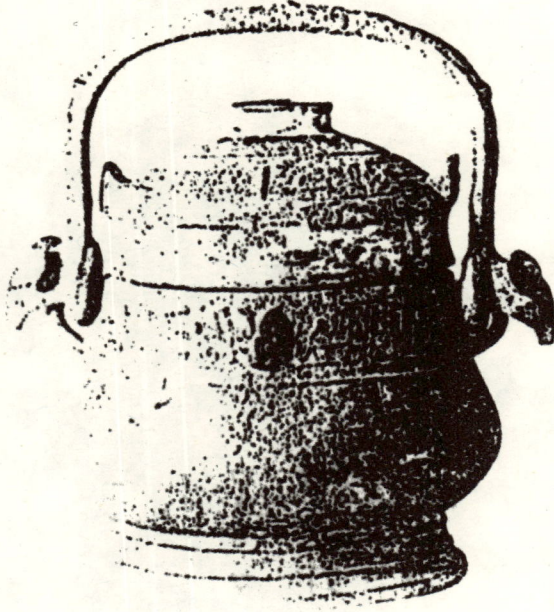

父
乙。

字數：2
度量：通高 22.3 釐米
時代：西周早期
著錄：富士比（1984.12.11：15）
流傳：英國倫敦富士比拍賣行

558 父戊卣

（器）　　　（蓋）

父戊。

字數:2(蓋器同銘)
度量:通高 33 釐米
時代:西周早期
著録:《考古與文物》1990 年 5 期 26—43 頁
出土:陝西長安縣灃西工程配件廠墓葬
現藏:陝西西安市文物中心

559 辛卣

 辛。

字數:2
度量:通高 24 釐米
時代:西周早期
著錄:富士比(1993,12,7:4)
流傳:英國倫敦富士比拍賣行

560 亞龏卣

字數：2
度量：通高 28 釐米
時代：商代後期
著録：富士比（1980，12，16—17；410）
流傳：英國倫敦富士比拍賣行

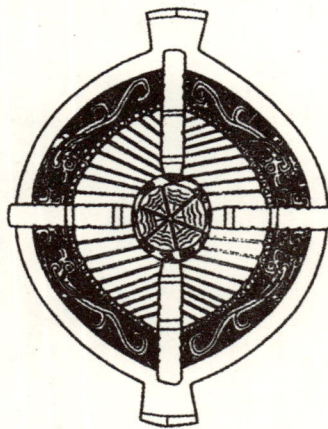

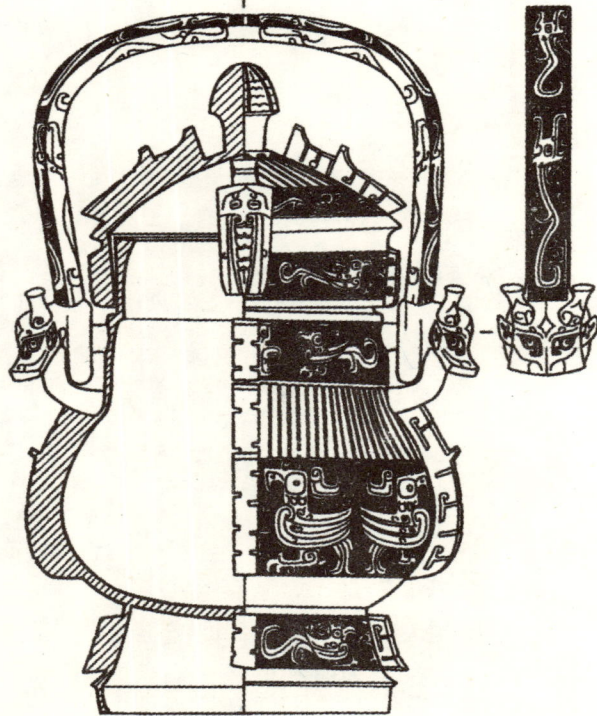

（器）

（蓋）

亞
址。

字數：2（蓋器同銘）
度量：通高 35.8 釐米，重 10 千克
時代：商代後期
著錄：《安陽殷墟郭家莊商代墓葬》80 頁
出土：河南安陽市殷墟郭家莊 M160：172
現藏：中國社會科學院考古研究所

龏
子。

字數：2
度量：通高 23.7 釐米
時代：西周早期
著錄：富士比（1976，4，6：9）
流傳：英國倫敦富士比拍賣行

563 隹壺卣

（器）　　（蓋）

隹
壺。

字數：2（蓋器同銘）
度量：通高 30.7 釐米
時代：西周早期
著録：富士比（1984,6,19：7）
流傳：Jau,Oeder 舊藏；英國倫敦富士比拍賣行

564 榮鬥卣

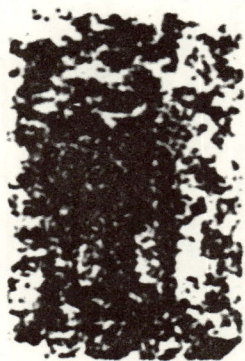

榮
鬥。

字數:2(蓋器同銘,此爲器銘)
度量:通高 16.4 釐米
時代:商代後期
著録:《海岱考古》第一輯 313—314 頁
出土:1985 年春山東濰坊市坊子區院上水庫南崖
現藏:山東濰坊市博物館

565 光祖乙卣

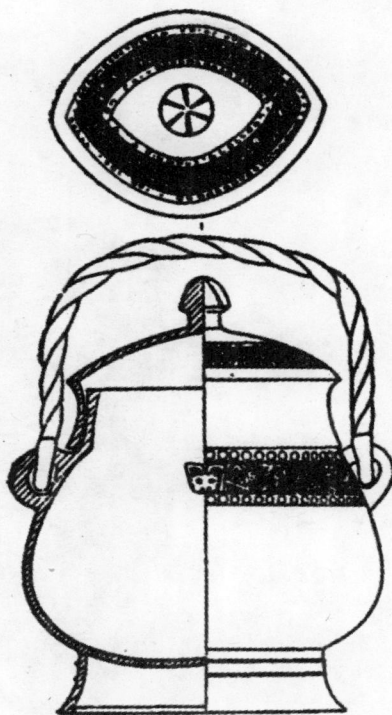

光。

祖乙。

字數:3
度量:通高 19.5 釐米
時代:商代後期
著録:《考古》1991 年 2 期 132—134 頁
出土:1987 年 8—12 月河南安陽市梅園莊南地墓葬 M92:3
現藏:河南安陽文物工作隊

566 象祖辛卣

（蓋）

（器）

象。祖辛。

字數：3（蓋器同銘）
度量：通高 27 釐米
時代：西周早期
著錄：富士比（1985，6，18：211）
流傳：英國倫敦富士比拍賣行

567 父乙卣

。父乙。

字數:3
度量:通高 23.3 釐米
時代:商代後期
著録:《考古》1990 年 10 期 879—881 頁
出土:1988 年 7 月陝西麟遊縣九成官鎮後坪村
現藏:陝西麟遊縣博物館

568 痎父乙卣

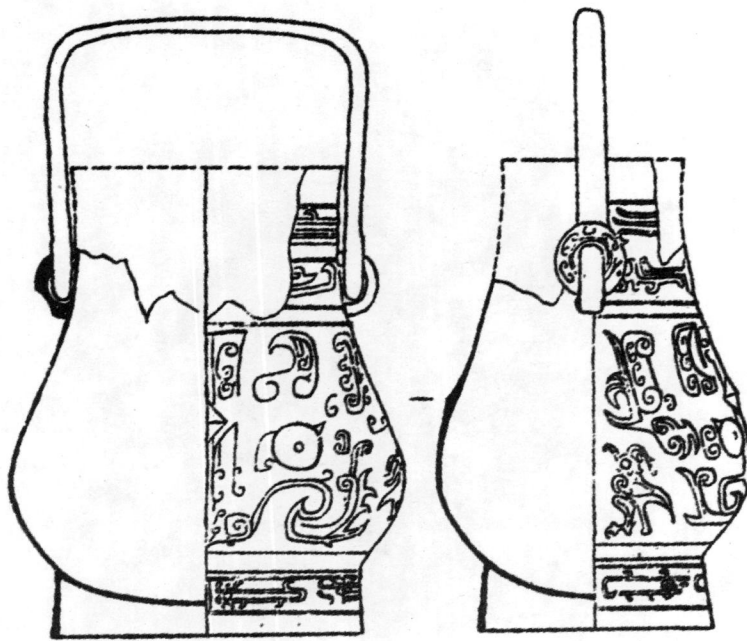

痎。父乙。

字數:3
度量:通高 25.3 釐米
時代:西周早期
著録:《考古》1989 年 1 期 10—18 頁
出土:1986 年 8 月河南信陽縣溮河港鄉溮河灘
現藏:河南信陽市文物管理委員會

569 舟父乙卣

（蓋）　　　（器）

舟。
父
乙。

字數:3(蓋器同銘)
度量:通高 37 釐米
時代:西周早期
著録:《考古與文物》1990 年 5 期 26—43 頁
出土:1975—1976 年陝西長安縣灃西鄉
現藏:陝西西安市文物中心

570 凶父丁卣

（蓋）

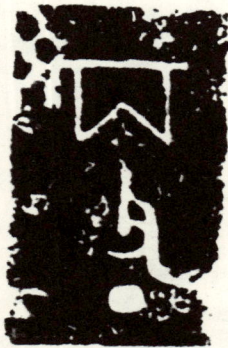

（器）

凶。父丁。

字數：3（蓋器同銘）
度量：通高 33.5 釐米
時代：西周早期
著録：《考古與文物》1990 年 5 期 26—43 頁
出土：陝西長安縣灃西工程配件廠墓葬
現藏：陝西西安市文物中心

571 ⊗父丁卣

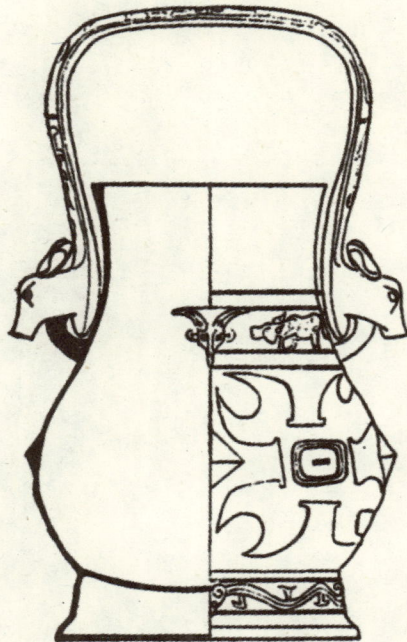

⊗。父丁。

字數：3
度量：通高 24.7 釐米
時代：西周早期
著録：《考古》1989 年 1 期 10—18 頁
出土：1986 年 8 月河南信陽縣溮河港鄉溮河灘
現藏：河南信陽市文物管理委員會

572 申父庚卣

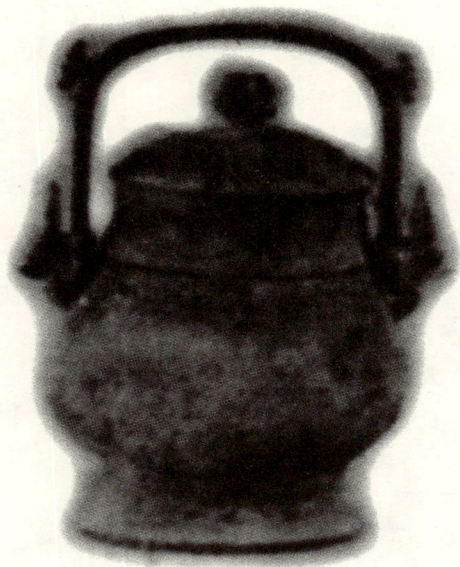

　　　　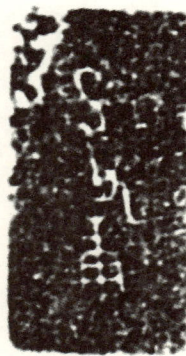

（蓋）　　　　　　　　（器）

申。

父庚。

字數：3（蓋器同銘）
度量：通高 23.5 釐米
時代：西周早期
著録：《考古與文物》1990 年 5 期 26—43 頁
出土：1975—1976 年陝西長安縣灃西鄉
現藏：陝西西安市文物中心

32

573 丫父辛卣

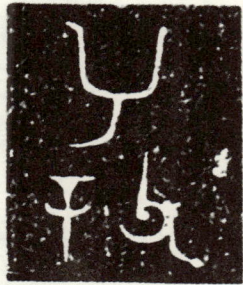

丫。父辛。

字數：3
度量：通高 30.4 釐米
時代：商代後期
著錄：《考古》1990 年 10 期 879—881 頁
出土：1988 年 7 月陝西麟遊縣九成宮鎮後坪村
現藏：陝西麟遊縣博物館

574 戈父癸卣

（蓋）

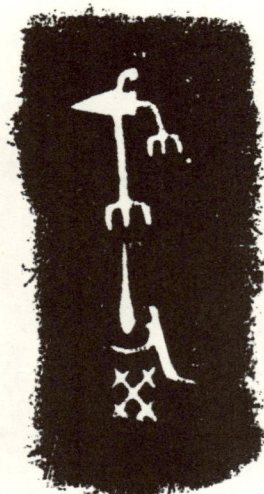
（器）

戈。
父癸。

戈。
父癸。

字數：3（蓋器同銘）
度量：通高 24.6 釐米，重 1.6 千克
時代：西周早期
著錄：《高家堡戈國墓》63 頁
出土：1991 年陝西涇陽縣興隆鄉高家堡 M3：6
現藏：陝西涇陽縣博物館

575 从丁癸卣

从丁癸。

字數:3
度量:通高 29.5 釐米
時代:商代後期
著録:佳士得(1982,6,17:5)
流傳:英國倫敦佳士得拍賣行

576 羊日羊卣

（蓋）　　　（器）

羊日羊。

字數：3（蓋器同銘）
度量：通高 24 釐米
時代：商代後期
著録：《文物》1984 年 12 期 33 頁
出土：1982 年 1 月河北正定縣新城鋪村墓葬
現藏：河北正定縣文物保管所

夭作彝。

字數：3
度量：通高 19 釐米
時代：西周中期
著録：富士比（1973，6，26：4）
流傳：英國倫敦富士比拍賣行

578 作旅彝卣

作
旅
彝。

字數:3
度量:通高 20.9 釐米
時代:西周早期
著録:《歐洲所藏中國青銅器遺珠》圖版 110
現藏:英國格拉斯哥博物館美術館:巴萊爾氏藏品

579 馬豕父丁卣

馬豕。父丁。

字數:4
度量:通高 30 釐米
時代:商代後期
著錄:《文物》1986 年 8 期 73 頁
現藏:河南安陽市博物館

580 叟父丁卣

（器）

（蓋）

叟。
父丁。

史。

字數:4(蓋 1 器 3)
度量:通高 33.5 釐米
時代:西周早期
著録:《考古與文物》1990 年 5 期 26—43 頁
出土:1965 年陝西長安縣大原村
現藏:陝西西安市文物中心

581 劂冊父癸卣

（蓋）

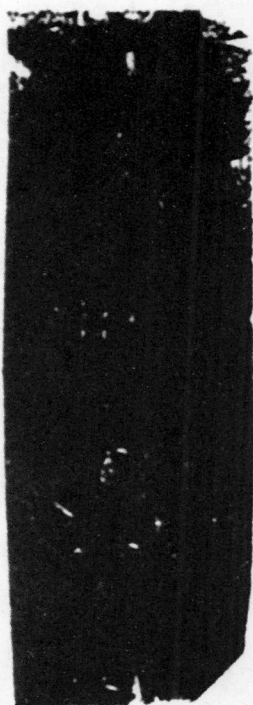
（器）

劂冊。父癸。

字數:4(蓋器同銘)
度量:通高 33 釐米
時代:商代後期
著録:《文物》1990 年 7 期 36—37 頁
出土:1973 年 6 月山東兗州縣嵫山區李宮村
現藏:山東兗州縣博物館

582 □疛父癸卣

□疛。

父癸。

字數：4
度量：通高 34 釐米，重 5.5 千克
時代：西周早期
著録：《文博》1987 年 3 期 82—83 頁
出土：1986 年 7 月甘肅隴縣牙科鄉梁甫村

583 作从彝卣

（器）　（蓋）

作从彝。戈。

字數：4
度量：通高 21.6 釐米
時代：西周早期
著録：富士比（1978,3,30:7）；《歐洲所
　　　藏中國青銅器遺珠》圖版 94
流傳：A.F.Philips 博士舊藏；英國倫敦
　　　富士比拍賣行

584 小姓卣

小姓作用壺。

字數:4(又合文1)
度量:通高 22.4 釐米
時代:西周早期
著録:《中原文物》1988 年 1 期 21 頁
出土:1985 年 4 月河南平頂山市薛莊鄉北滍村
現藏:河南平頂山市文物管理委員會

585 作寶尊彝卣

（蓋）

（器）

作
寶
尊
彝
。

字數：4（蓋器同銘）
度量：通高 24.3 釐米，重 2.08 千克
時代：西周早期
著録：《寶鷄強國墓地》（上）180 頁
出土：陝西寶鷄竹園溝 8 號墓 M8：5
現藏：陝西寶鷄市博物館

586 作寶尊彝卣

（蓋）

（器）

作
寶
尊
彝。

字數：4（蓋器同銘）
度量：通高 31.5 釐米，重 3 千克
時代：西周早期
著錄：《寶鷄強國墓地》（上）180 頁
出土：陝西寶鷄市竹園溝 8 號墓 M8：6
現藏：陝西寶鷄市博物館

46

587 作寶尊彝卣

作寶
尊彝。

字數：4
度量：通高 30.5 釐米
時代：西周早期
著錄：佳士得（1985，12，2：75）
流傳：英國倫敦佳士得拍賣行

588 作寶尊彝卣

作寶尊彝。

字數:4(蓋器同銘)
度量:通高 23.5 釐米
時代:西周中期
著録:《考古》1991 年 10 期 912—917 頁
出土:1965 年山東黃縣歸城遺址墓葬 M1:6
現藏:山東烟臺市文物管理委員會

589 🜪 臣辰祖乙卣

🜪。
臣辰。
祖乙。

字數：5
度量：通高 30 釐米
時代：西周早期
著録：富士比(1965,5,11：105)
流傳：英國倫敦富士比拍賣行

590 冊歔般卣

冊。父乙。
歔般。

字數:5
度量:通高 31 釐米
時代:商代後期
著錄:富士比(1972,3,14:12)
流傳:P.Lago 舊藏;英國倫敦富士比拍賣行

591 守宮卣

守宮作父辛。

字數:5
度量:通高 26.3 釐米
時代:西周早期
著録:富士比(1982,12,14:6)
流傳:H.Lngram 爵士舊藏;英國倫敦富士比拍賣行

51

592 寶尊彝卣

（蓋）

（器）

作厥寶
尊彝。

字數:5(蓋器同銘)
度量:通高 30.1 釐米,重 4.23 千克
時代:西周早期
著錄:《保利藏金》103—107 頁
現藏:北京保利藝術博物館

593 宁月卣

（器）

（蓋）

宁月。作父癸彝。

字數：6（蓋器同銘）
度量：通高 31.5 釐米
時代：商代後期
著録：《文物》1989 年 6 期 67—68 頁
出土：1974 年山東章丘縣明水鎮東潤西村墓葬
現藏：山東章丘縣文物管理所

53

594 公卣

公作宗寶
尊彝。

字數:6
度量:通高 35 釐米
時代:西周早期
著録:《江西文物》1989 年 1 期 66 頁
流傳:1987 年 9 月江西廣豐縣排汕鄉卅八都村徵集
現藏:江西廣豐縣博物館

595 散卣

夷尊彝。
散作居

字數:6
度量:通高 26 釐米
時代:西周早期
著録:富士比(1975,12,9:6)
流傳:英國倫敦富士比拍賣行

596 葡[⊗]卣

葡[⊗]。

尊彝。

作父癸

字數:7

度量:通高 37.5 釐米

時代:商代後期

著録:富士比(1976,7,6:4)

流傳:R.H.R.Palmer 夫人舊藏;1951 年曾在英國
　　東方瓷器學會"中國早期青銅器"展覽展出
　　＜目録＞8;英國倫敦富士比拍賣行

597 守卣

鬥戈。

守作父乙

尊彝。

字數:8
度量:通高 33 釐米
時代:西周早期
著錄:佳士得(1990,12,10:2)
流傳:D. Malcolm 舊藏;英國倫敦佳士得拍賣行

598 小夫卣

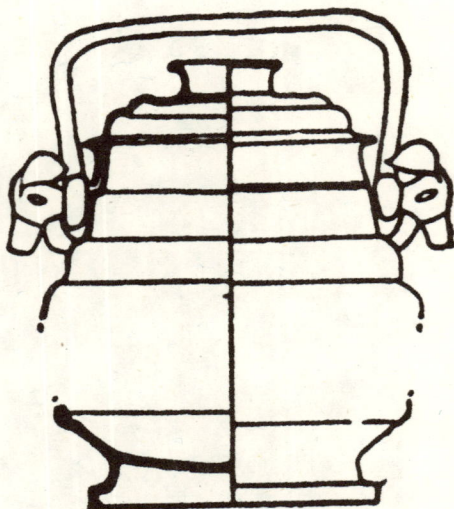

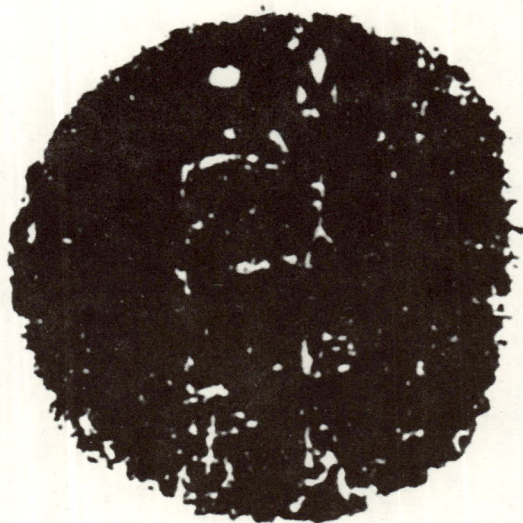

（蓋）

（器）

小夫作父
丁寶旅彝。

字數：8（蓋器同銘）
度量：口徑 13 釐米
時代：西周早期
著録：《文物》1986 年 8 期 69—71 頁
出土：1980—1981 年山東黃縣莊頭村墓葬

599 辟卣

（器）　　　　　　　　　　（蓋）

辟作父癸
寶尊彝。🐚。

字數:8(蓋器同銘)
度量:通高 22.5 釐米
時代:西周早期
著録:《考古與文物》1990 年 5 期 26—43 頁
出土:陝西長安縣灃西銅網廠
現藏:陝西西安市文物中心

600 斁罢卣

（蓋）

（器）

斁罢使丁，
用作父乙旅
尊彝。冊扶。

字數：13（蓋器同銘）
度量：通高 36.5 釐米
時代：西周早期
著錄：佳士得（1986,6,5:50）；富士比（1993,6,8:118）
流傳：英國倫敦佳士得拍賣行；英國倫敦富士比拍賣行

601 仜冉卣

仜冉肇謀作
寶尊彝，用
夙夕享孝。

字數：13
度量：通高 30.6 釐米
時代：西周中期
著録：《文物》1998 年 9 期 7—11 頁
出土：河南平頂山市新華區薛莊鄉北滍村
　　　滍陽嶺應國墓地 84：103
現藏：河南省文物研究所

602 雞卣

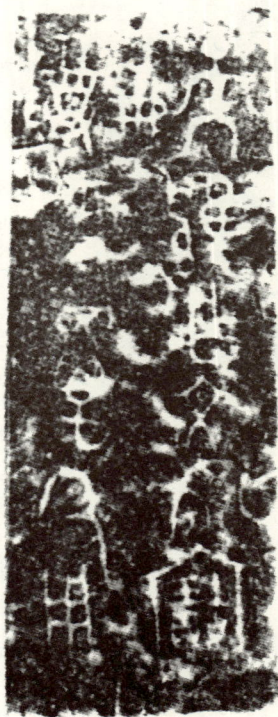

（蓋）

（器）

天侖。雞作文考寶尊彝，其萬年用。

字數：13（蓋器同銘）
度量：通高 28 釐米
時代：西周早期
著錄：《考古與文物》1990 年 5 期 26—43 頁
出土：1976 年 4 月陝西長安縣銅網廠
現藏：陝西西安市文物中心

603 否叔卣

否叔獻彝，疾不已。
爲母宗彝，則
備用遣母靈。

字數：17
時代：西周早期
著錄：《中央研究院歷史語言研究所集刊》第
　　七十本第三分（抽印本）762—774 頁
備注：1998 年 3 月，Gisele Croes 公司展覽目錄

604 州子卣

字數:30(又合文 1)
度量:通高 35 釐米
時代:西周早期
著録:《考古與文物》1990 年 5 期 26—43 頁
流傳:陝西西安市文物商店收購
現藏:陝西西安市文物中心

（器）

（蓋）

戈冊。北單。

壬寅，州子曰：僕麻，余賜帛、囊貝。蔑汝王休二朋。用作父辛尊。

宁州。父丙。

605 櫜卣

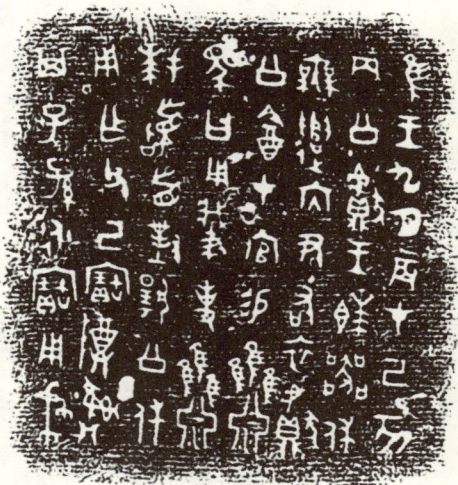

（蓋）

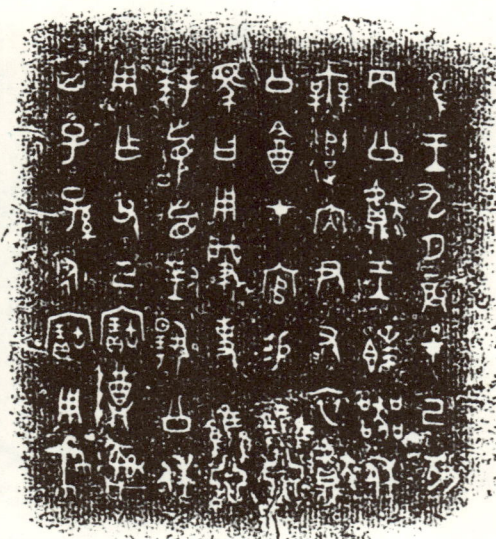

（器）

唯王九月辰在已亥，
丙公獻王餗器，休
無遺。內尹佑，衣獻。
公飲在館，賜櫜
馬，曰：用肇事。
拜，稽首，對揚公休，
用作父已寶尊彝，櫜
其子孫永寶用。戈。

字數：55（蓋器同銘）
度量：通高 20.3 釐米
時代：西周中期
著録：《上海博物館集刊》1996 年 7 期 45—46 頁
現藏：上海博物館

七、 尊、觶類

606 矢尊

矢。

字數:1
度量:通高 24 釐米
時代:商代後期
著錄:富士比(1969,11,4:17)
流傳:英國倫敦富士比拍賣行

607 剎尊

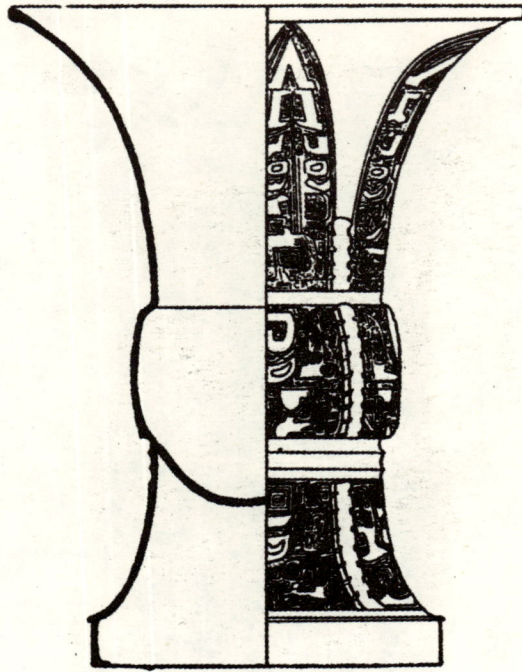

剎。

字數:1
度量:通高 28.5 釐米,口徑 23 釐米
時代:商代後期
著錄:《考古》1986 年 12 期 1139 頁
出土:1975 年冬山東泗水縣張莊公社墓葬
現藏:山東泗水縣文化館

608 融尊

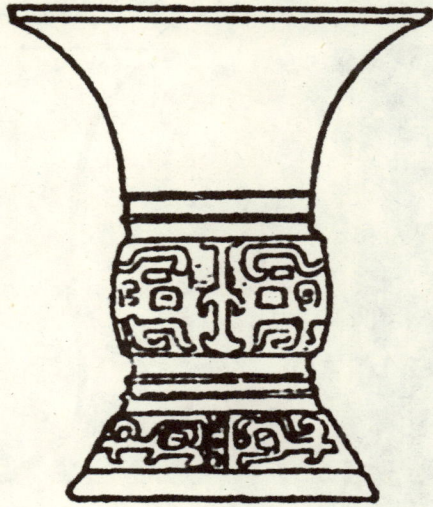

 　　　　　　　融。

字數:1
度量:通高 25.6 釐米,口徑 21.2 釐米
時代:商代後期
著録:《海岱考古》第一輯 256—266 頁
出土:1986 年春山東青州市蘇埠屯墓葬 M8:8
現藏:山東青州市博物館

609 亞址尊

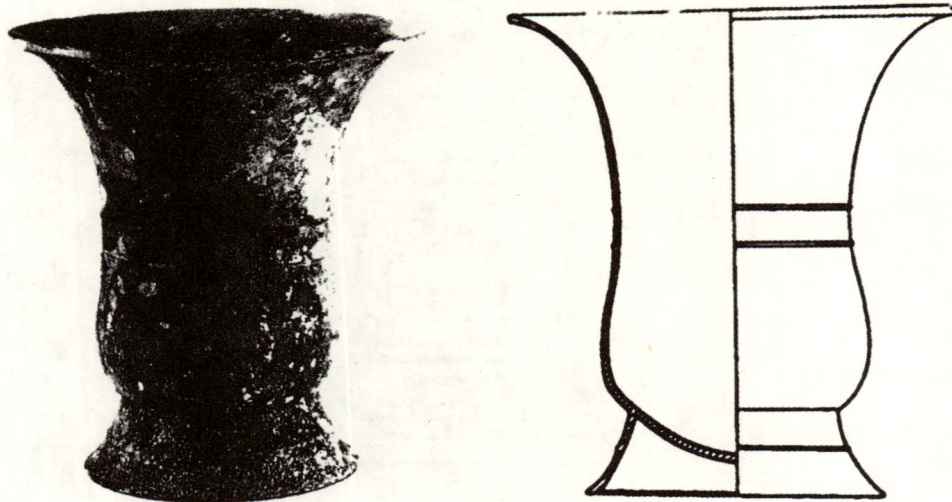

亞
址。

字數:2
度量:通高 25 釐米,口徑 22.9 釐米,重 2.85 千克
時代:商代後期
著録:《安陽殷墟郭家莊商代墓葬》80 頁
出土:河南安陽市殷墟郭家莊 M160:118
現藏:中國社會科學院考古研究所

610 亞址方尊

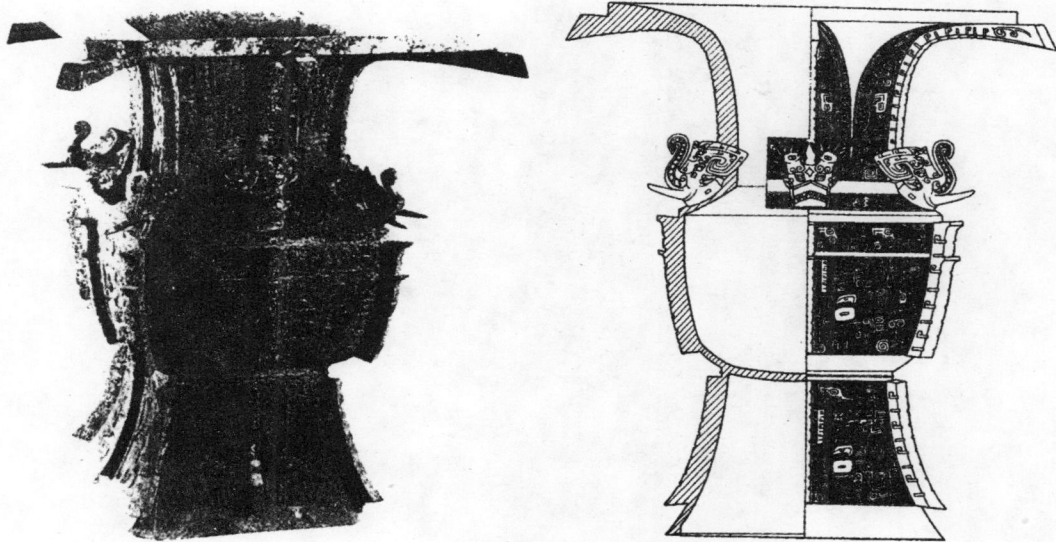

亞址。

字數：2
度量：通高 43.9 釐米，口徑 21.4 釐米
時代：商代後期
著録：《安陽殷墟郭家莊商代墓葬》80 頁
出土：河南安陽殷墟郭家莊 M 160：152
現藏：中國社會科學院考古研究所
備注：另有一件形制、紋飾、銘文相同

611 父乙尊

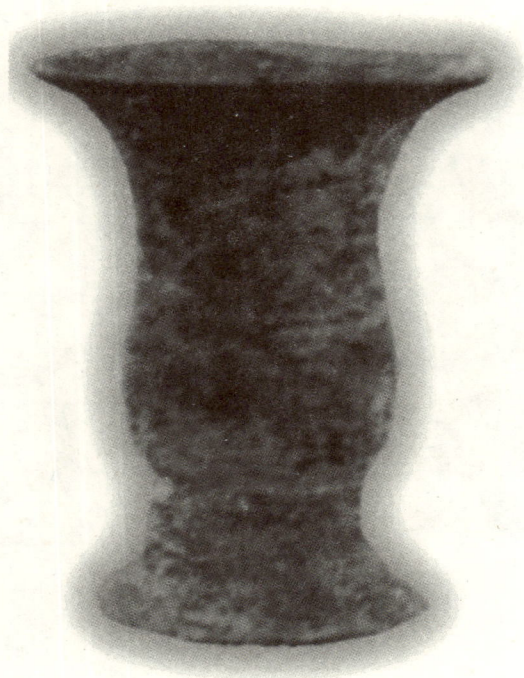

父
乙。

字數:2
度量:通高 24.5 釐米,口徑 19.5 釐米
時代:西周早期
著録:《考古與文物》1990 年 5 期 26—43 頁
出土:陝西灃西毛紡廠
現藏:陝西西安市文物中心

612 父癸尊

父癸。

字數:2
度量:通高 25.8 釐米,口徑 20.1 釐米,重 2.15 千克
時代:西周早期
著録:《高家堡戈國墓》91 頁
出土:1991 年陝西涇陽縣興隆鄉高家堡 M4:13
現藏:陝西涇陽縣博物館

613 息尊尊

尊。
息。

字數：2
度量：通高 22.2 釐米，口徑 17.9 釐米
時代：商代後期
著錄：《考古學報》1986 年 2 期 161—172 頁
出土：1979—1980 年河南羅山縣蟒張鄉天
　　　湖村墓葬 6：12
現藏：河南羅山縣文化館

614 息斤尊

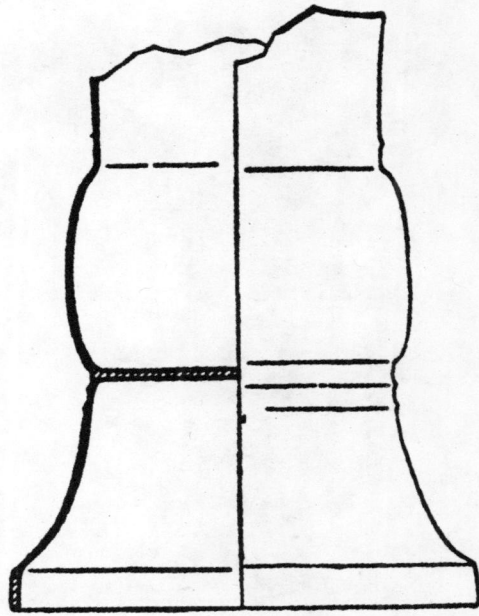

息。斤。

字數:2
度量:通高 18 釐米
時代:商代後期
著録:《考古學報》1986 年 2 期 161—172 頁
出土:1979—1980 年河南羅山縣蟒張鄉天
　　　湖村墓葬 41:9
現藏:河南羅山縣文化館

615 冄父丁尊

冄。父丁。

字數:3
度量:通高 19.7 釐米,口徑 17.5 釐米,重 1.37 千克
時代:西周早期
著録:《文物》1998 年 10 期 39—40 頁
出土:1972 年秋河南洛陽市東郊機車工廠
現藏:河南洛陽市博物館

616 豕父丁尊

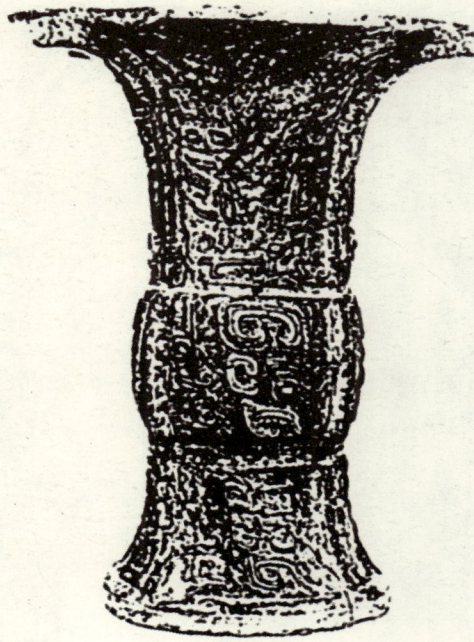

豕。父丁。

字數: 3
度量: 通高 32 釐米
時代: 商代後期
著録: 富士比(1975, 3, 25 : 149)
流傳: 英國倫敦富士比拍賣行

617 ⚘父己尊

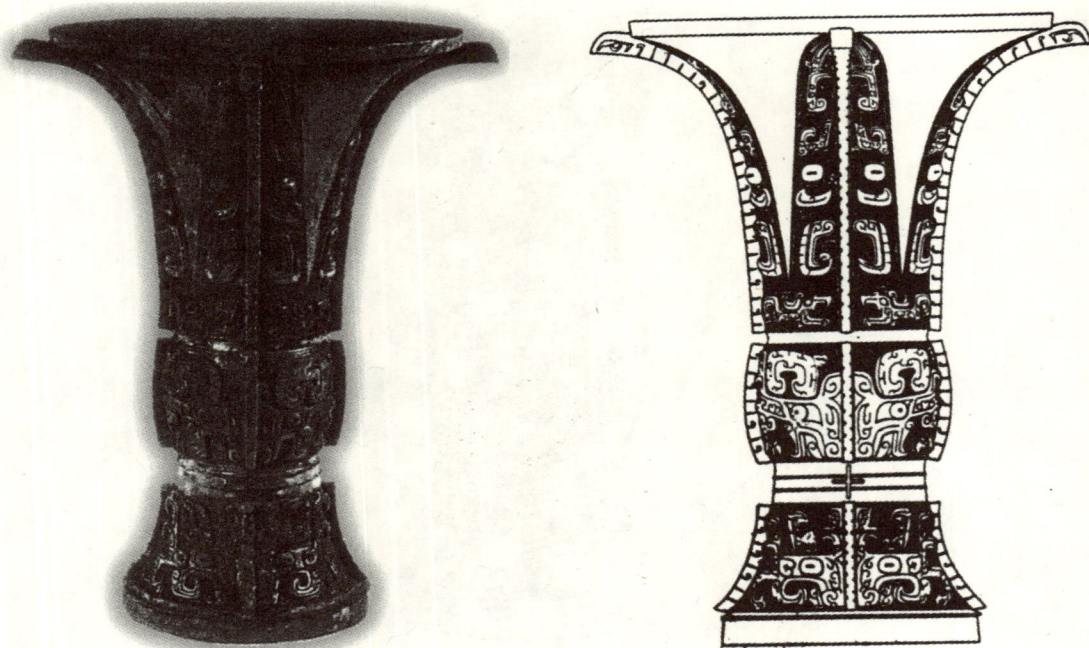

⚘。
父己。

字數:3
度量:通高 33.7 釐米,口徑 22.2 釐米
時代:商代後期
著録:《文物》1986 年 11 期 14 頁
出土:1985 年 1 月山西靈石縣㫋介村墓葬 M1:34
現藏:山西靈石縣文化局

618 戈父辛尊

戈。　父辛。

字數：3
度量：通高 27.5 釐米，口徑 22 釐米
時代：西周早期
著録：《考古與文物》1990 年 5 期 26—43 頁
出土：陝西長安縣馬王鎮新旺村
現藏：陝西西安市文物中心

619 介父辛尊

介。父辛。

字數：3
度量：通高 24.4 釐米，口徑 20.2 釐米
時代：商代後期
著錄：《歐洲所藏中國青銅器遺珠》圖版 36
流傳：英國倫敦戴迪野拍賣行

620 □父癸尊

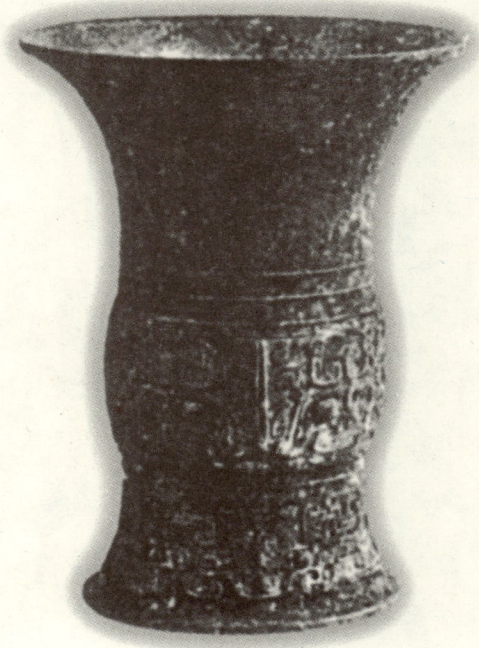

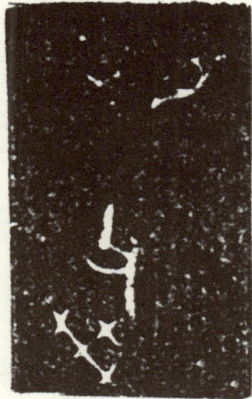

□。
父
癸
。

字數:3
度量:通高 26.1 釐米,口徑 20 釐米,重 2.6 千克
時代:商代後期
著録:《考古》1990 年 10 期 879—881 頁
出土:1988 年 7 月陝西麟游縣九成宮鎮後坪村
現藏:陝西麟游縣博物館

83

621 天黽御尊

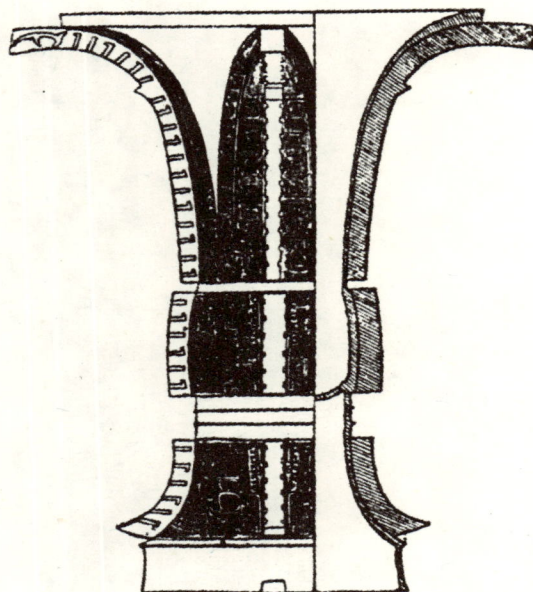

天
御。

黽

字數：3
度量：通高 37.1 釐米，口徑 26.4 釐米
時代：商代後期
著錄：《江漢考古》1987 年 3 期 12 頁
出土：1961 年 8 月湖北漢陽縣東城垸紗帽山遺址
現藏：湖北省博物館

622 亞癸父丁尊

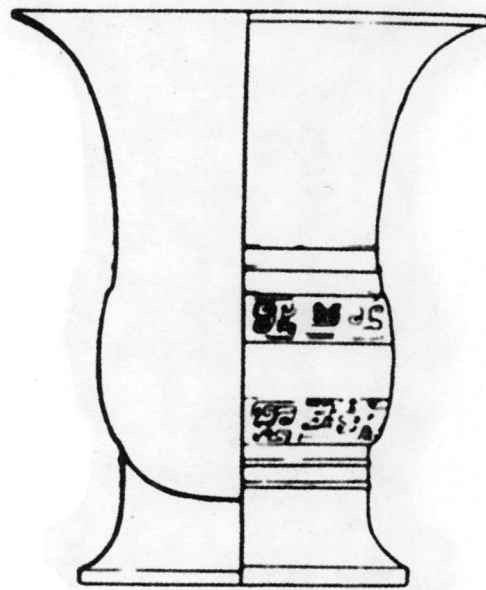

亞癸。父丁。

字數:4
度量:通高 23.8 釐米,口徑 19.8 釐米
時代:西周早期
著錄:《文物》1995 年 5 期 7、10 頁
出土:1985 年內蒙古自治區寧城縣甸子鄉小黑石溝村墓葬
現藏:內蒙古自治區寧城縣文物理所

625 作寶尊彝尊

作寶
尊彝
尊。

字數：4
度量：通高 25.8 釐米，口徑 21 釐米
時代：西周早期
著錄：《考古與文物》1990 年 5 期 26—43 頁
出土：1965 年陝西長安縣大原村
現藏：陝西西安市文物中心

626 作寶尊彝尊

作寶
尊彝
尊。

字數：4
度量：通高 25.2 釐米，重 2 千克
時代：西周早期
著錄：《寶鷄強國墓地》(上)179 頁
出土：陝西寶鷄市竹園溝 8 號墓 M8:7
現藏：陝西寶鷄市博物館

627 作寶尊彝尊

作寶尊彝。

字數:4
度量:通高 19.8 釐米,口徑 19 釐米,重 2.71 千克
時代:西周中期
著録:《文物》1996 年 7 期 54—68 頁
出土:1964－1972 年河南洛陽市北窑村西龐家溝墓葬 M368:3

628 臣辰𠂤父乙尊

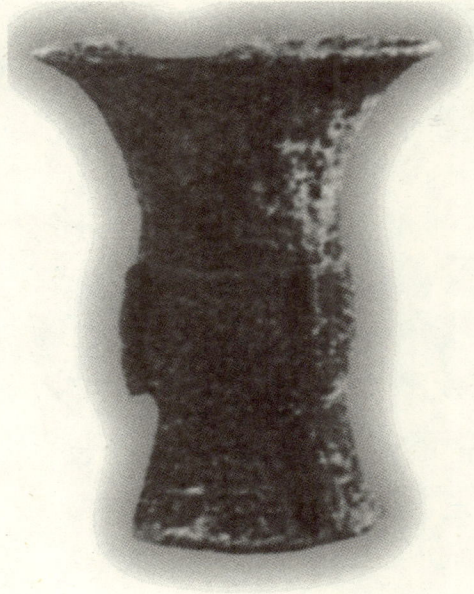

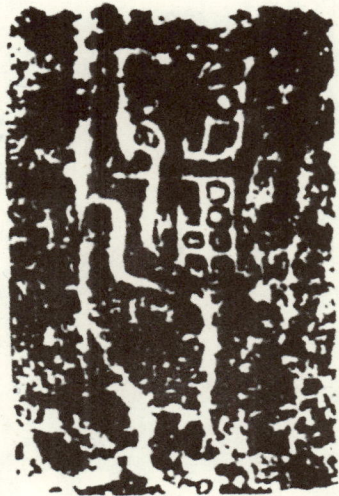

臣辰𠂤。
父乙。

字數:5
度量:通高 28 釐米,口徑 22 釐米
時代:商代後期
著錄:《考古與文物》1990 年 5 期 25—38 頁
流傳:陝西禮泉縣徵集
現藏:陝西西安市文物中心

629 作父辛尊

作父辛寶彝。

字數:5
度量:通高 18.5 釐米,口徑 17.5 釐米
時代:西周中期
著録:《考古》1991 年 10 期 912—917 頁
出土:1965 年山東黃縣歸城遺址墓葬 M1:5
現藏:山東煙臺市文物管理委員會

630 庚建尊

庚建在帝食。

字數:5
度量:通高 18.7 釐米
時代:西周早期
著錄:富士比(1977,3,29:9)
流傳:Seligman 舊藏;英國倫敦富士比拍賣行

631 五伯尊

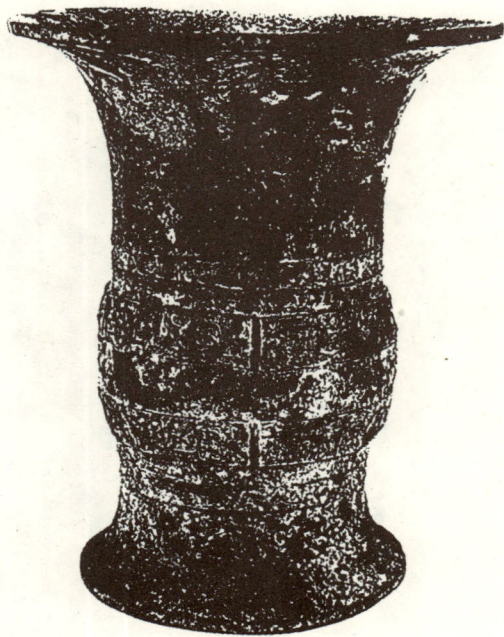

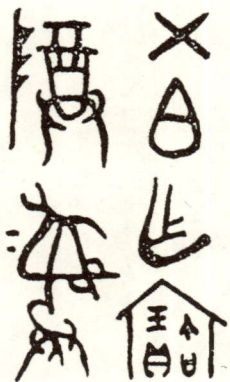

五伯作寶
尊彝。

字數：6
度量：通高 25 釐米
時代：西周早期
著録：富士比（1971，3，2：58）
流傳：英國倫敦富士比拍賣行

632 即冊尊

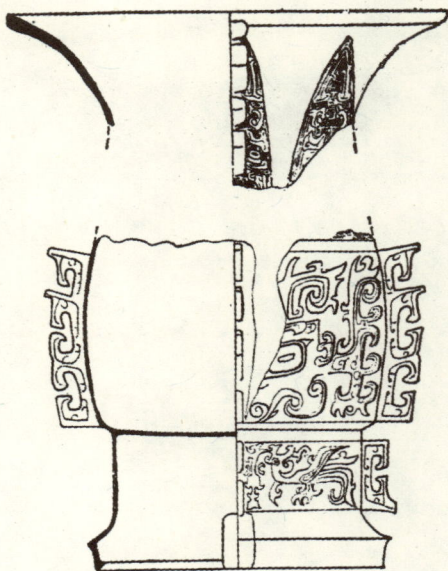

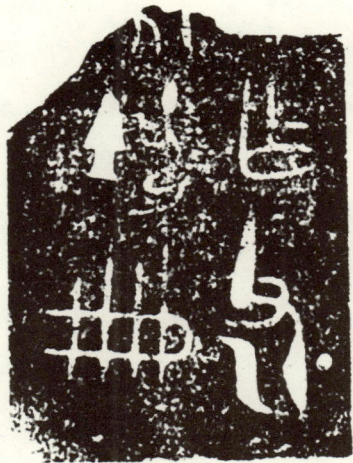

作父乙
彝。即冊。

字數:存6(器底殘缺,僅見銘文6字)
度量:通高34釐米,口徑26.8釐米
時代:西周早期
著録:《考古》1989年1期10—18頁
出土:1986年8月河南信陽縣溮河港鄉溮河灘
現藏:河南信陽市文物管理委員會

633 邵尊

邵作父乙
□寶尊彝。

字數:8
度量:通高 25 釐米,口徑 21 釐米
時代:西周早期
著録:《文博》1991 年 2 期 71—74 頁
現藏:陝西韓城市博物館

634 史酏敖尊

史酏敖作兄日
癸旅寶尊彝。

字數:11
度量:通高 21.5 釐米, 口徑 19.7 釐米, 重 2.25 千克
時代:西周早期
著錄:《文物》1996 年 7 期 54—68 頁
出土:1964—1972 年河南洛陽市北窯村西龐家溝墓葬

635 雞尊

天
黽。雞作文考寶
尊彝，其萬年用。

字數：13
度量：通高 25 釐米，口徑 20 釐米
時代：西周早期
著錄：《考古與文物》1990 年 5 期 26—43 頁
出土：1976 年 4 月陝西長安縣銅網廠
現藏：陝西西安市文物中心

636 仜爯尊

仜爯肇謀作
寶尊彝，用
夙夕享孝。

字數：13
度量：通高 16.7 釐米，口徑 18 釐米
時代：西周中期
著録：《文物》1998 年 9 期 7—11 頁
出土：河南平頂山市新華區薛莊鄉北滍村滍陽嶺
　　　應國墓地 M84：99
現藏：河南省文物考古研究所

637 否叔尊

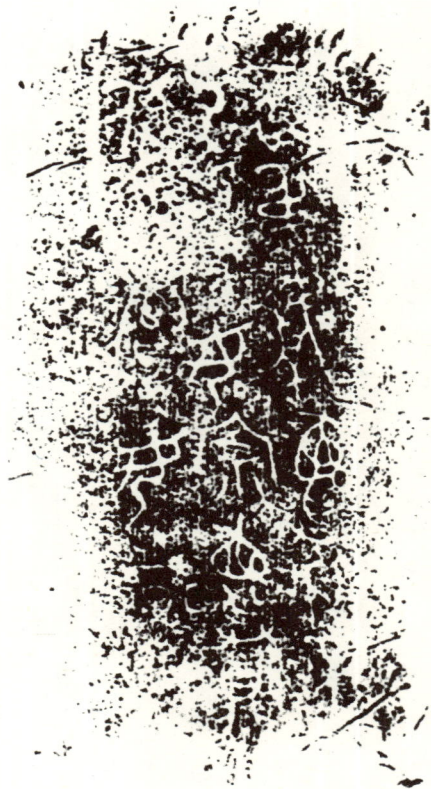

否叔獻彝，疾不已。爲母宗彝，則備用遣母靈。

字數：17

時代：西周早期

著録：《中央研究院歷史語言研究所集刊》第七十本第三分（抽印本）762—774 頁

備注：1997 年春在香港發現，同出六件器

638 ♀ 觶

字數:1
度量:通高 41.7 釐米
時代:西周早期
著錄:富士比(1984,6,19:33)
流傳:英國倫敦富士比拍賣行

息。

字數:1

度量:通高 15.2 釐米

時代:商代時期

著録:《中原文物》1988 年 1 期 15—19 頁

出土:1985 年 5 月河南羅山縣蟒張鄉後李村墓葬 M44:9

現藏:河南羅山縣文物管理委員會

640 子觶

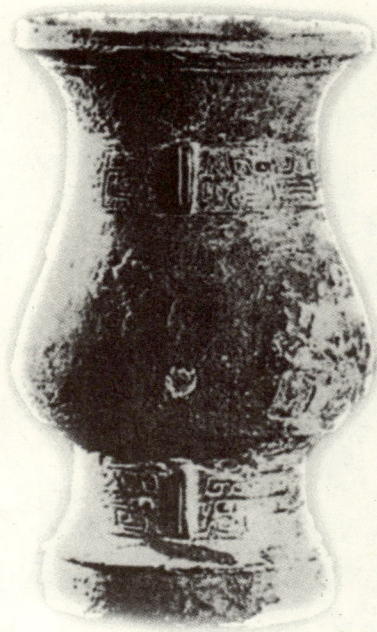

　　　　　子。

字數:1
度量:通高 14.1 釐米,重 0.5 千克
時代:商代後期
著錄:《考古學報》1991 年 3 期 333—342 頁
出土:1984 年 10—11 月河南安陽市戚家莊東 269 號墓
現藏:河南安陽市文物工作隊

641 戈觶

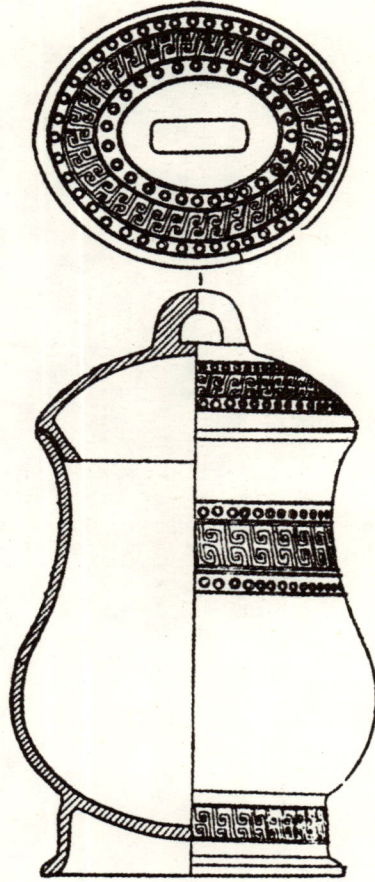

 戈。

字數:1
度量:通高 16.3 釐米
時代:商代後期
著錄:《考古》1988 年 10 期 876—878 頁
出土:1987 年夏河南安陽市郭家莊墓葬 M1:25
現藏:中國社會科學院考古研究所安陽工作隊

642 戈觶

戈。

字數：1
度量：通高 12 釐米
時代：商代後期
著録：富士比（1941,4,4:405）
流傳：英國倫敦富士比拍賣行

645 夆觶

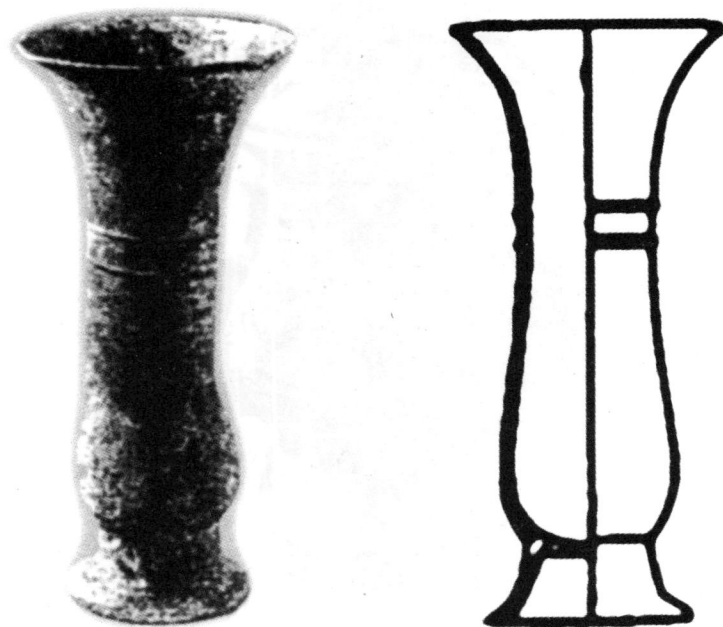

夆。

字數:1
度量:通高 17.1 釐米,口徑 7.8 釐米
時代:西周早期
著録:《文物》1996 年 12 月 7—10 頁
出土:1985 年 5 月山東濟陽縣姜集鄉劉臺子村墓葬 M6:11

646 遺觶

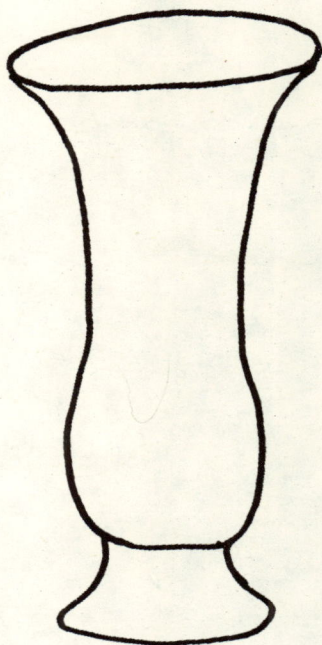

遺。

字數：1
時代：西周早期
著錄：《中央研究院歷史語言研究所集刊》第七十
　　　本第三分（抽印本）762—774 頁
備注：1997 年春在香港發現，同出六件器

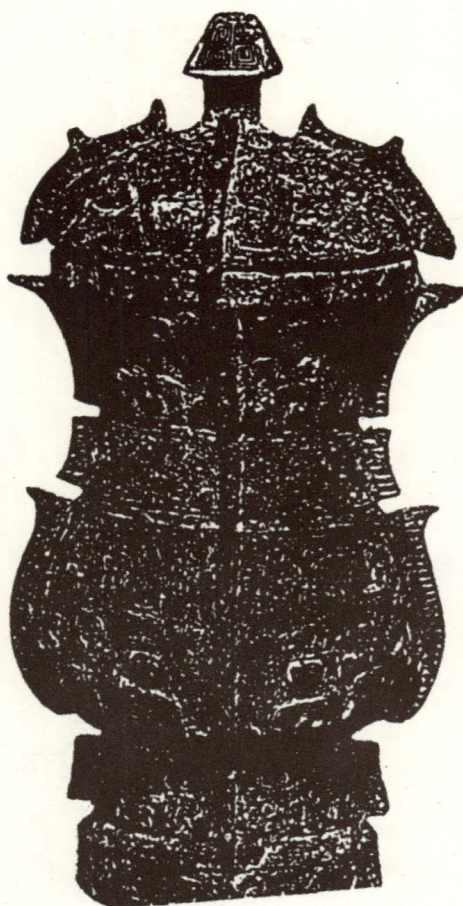

字數:1
度量:通高 19 釐米
時代:商代後期
著録:富士比(1978,3,30:6)
流傳:英國倫敦富士比拍賣行

648 亞址觶

（蓋）

（器）

亞址。

字數:2(蓋器同銘)
度量:通高 19 釐米,重 0.85 千克
時代:商代後期
著録:《安陽殷墟郭家莊商代墓葬》80 頁
出土:河南安陽市殷墟郭家莊 M160:126
現藏:中國社會科學院考古研究所

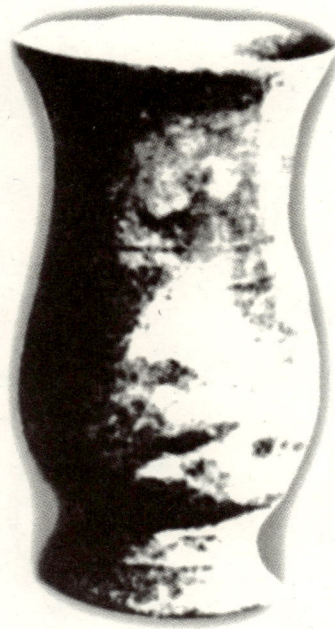

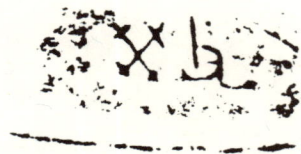

癸父
。

字數:2
度量:通高 14.8 釐米
時代:商代後期
著録:《考古與文物》1989 年 2 期 100 頁
出土:1986 年 2 月陝西長安縣引鎮孫岩村墓葬

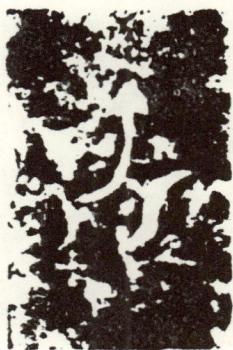

虫。
乙。

字數:2
度量:通高 18.8 釐米
時代:商代後期
著録:《考古與文物》1990 年 5 期 25—38 頁
出土:陝西西安市大白楊庫
現藏:陝西西安市文物中心

651 ㄆ癸觶

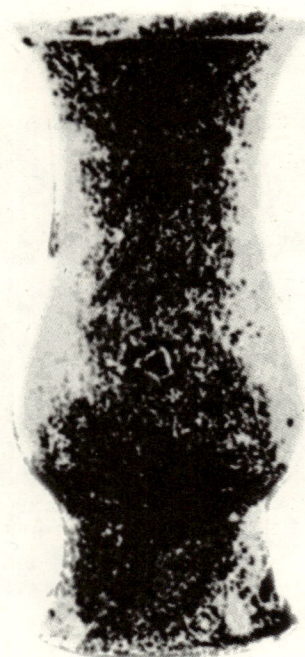

ㄆ。
癸。

字數:2
度量:通高 14.4 釐米,重 0.3 千克
時代:西周早期
著録:《寶雞強國墓地》(上)69 頁
出土:陝西寶雞市竹園溝 13 號墓 M13:5
現藏:陝西寶雞市博物館

652 亞橐觶

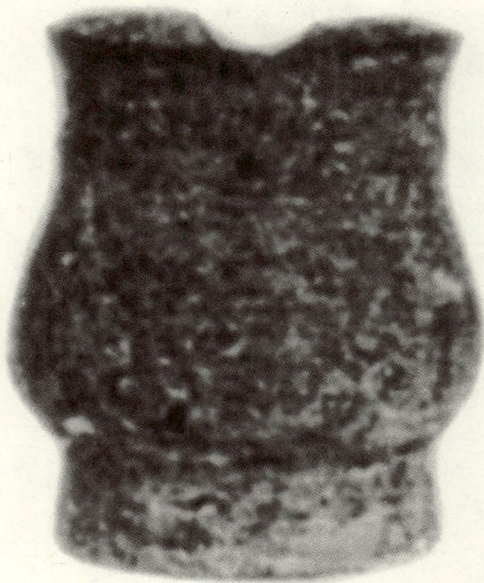

亞橐。

字數:2
度量:通高 12 釐米
時代:商代後期
著録:《考古與文物》1996 年 6 期 74—77 頁
現藏:河南南陽市博物館

653 婦嫙觶

婦嫙。

字數:2
度量:通高 13.3 釐米
時代:商代後期
著録:《歐洲所藏中國青銅器遺珠》圖版 33
現藏:德國斯圖加特國立民間藝術博物館:林登博物館

654 葡戈觶

葡
鉞。

字數:2
度量:通高 13.6 釐米
時代:商代後期
著録:富士比(1993,6,8:120)
流傳:H.Lngram 爵士舊藏;英國倫敦富士比拍賣行

655 馬豕觶

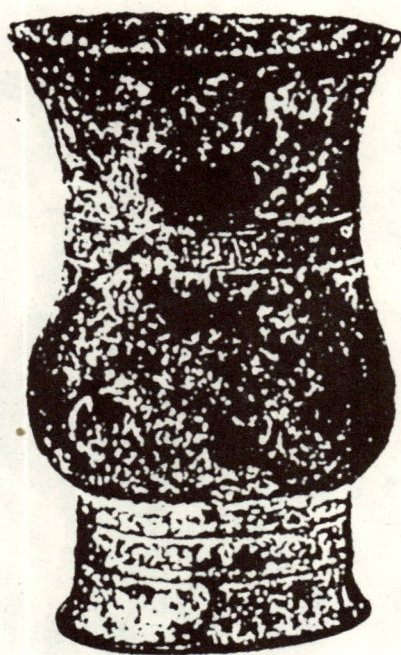

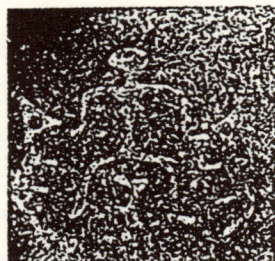

馬豕。

字數:2
度量:通高 13.4 釐米
時代:西周早期
著錄:佳士得(1993,6,7:86)
流傳:Somerset de Chair 舊藏;英國倫敦佳士得拍賣行

656 子夋觶

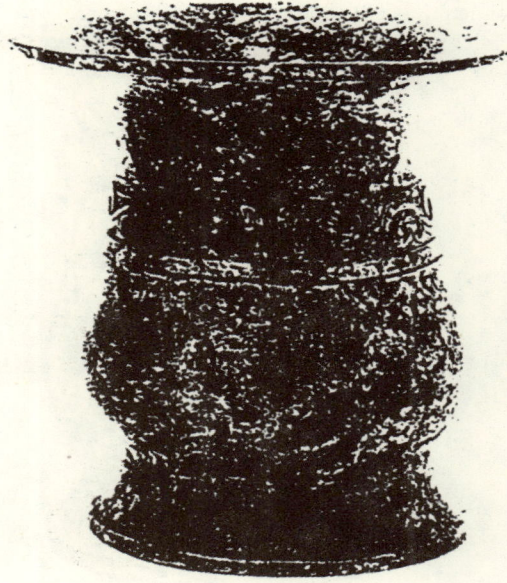

子夋。

字數：2
度量：通高 16.5 釐米
時代：西周早期
著録：富士比（1978，3，30：16）
流傳：英國倫敦富士比拍賣行

657 女心觶

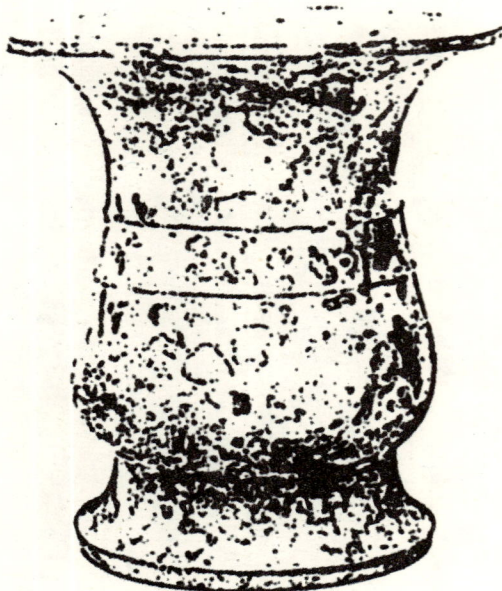

女心。

字數:2
度量:通高 13 釐米
時代:西周早期
著録:富士比(1988,6,7:11)
流傳:A. Wood 夫人舊藏;英國倫敦富士比拍賣行

658 父乙飤觶

父
乙。
飤。

字數:3
度量:通高 17 釐米
時代:西周早期
著錄:富士比(1970,11,17:26)
流傳:英國倫敦富士比拍賣行

659 保父丁觶

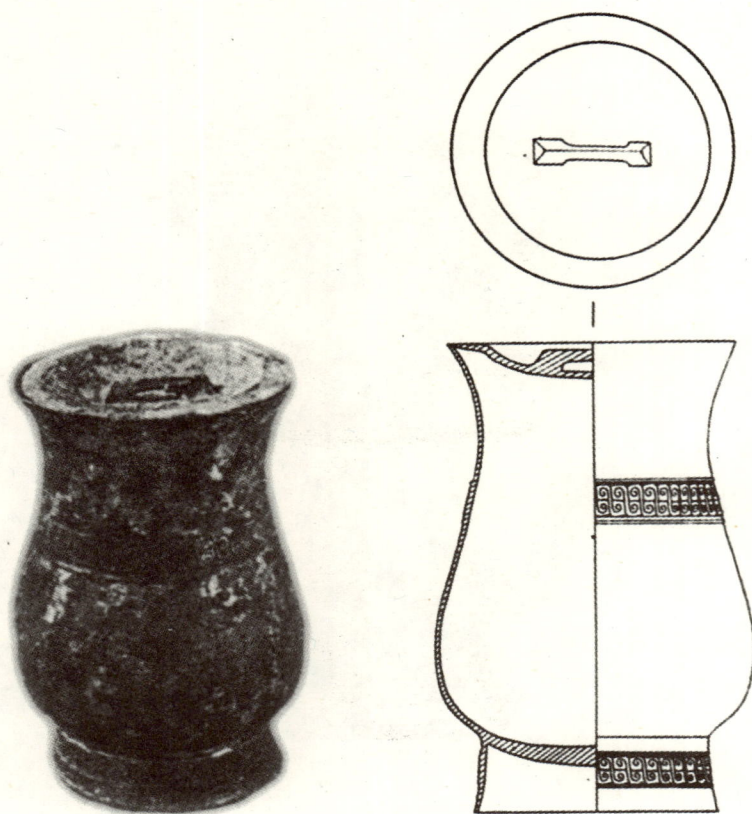

父　保
丁
。

字數:3
度量:通高 14.1 釐米,重 0.6 千克
時代:西周早期
著錄:《高家堡戈國墓》97 頁
出土:1991 年陝西涇陽縣興隆鄉高家堡 M4:12
現藏:陝西涇陽縣博物館

660 戈父己觶

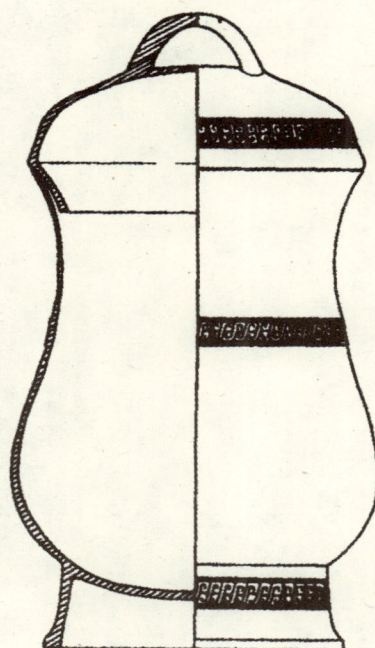

（器）　　　　　（蓋）

戈。
父
己。

字數：3（蓋器同銘）
度量：通高 17.3 釐米，重 0.6 千克
時代：西周早期
著録：《高家堡戈國墓》91 頁
出土：1991 年陝西涇陽縣興隆鄉高家堡 M4：11
現藏：陝西涇陽縣博物館

661 子父辛觶

子。父辛。

字數:3
度量:通高 13.5 釐米
時代:商代後期
著録:《考古與文物》1996 年 6 期 74—77 頁
現藏:河南南陽市博物館

662 鳥父辛觶

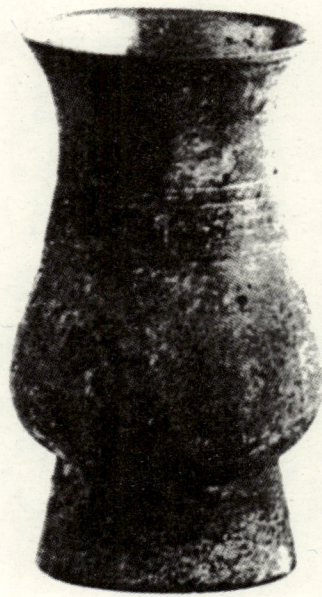

鳥。
父辛。

字數:3
度量:通高 15.2 釐米,重 0.42 千克
時代:西周早期
著録:《考古》1990 年 10 期 879—881 頁
出土:1988 年 7 月陝西麟遊縣九成宮鎮後坪村
現藏:陝西麟遊縣博物館

663 𢀰父癸觶

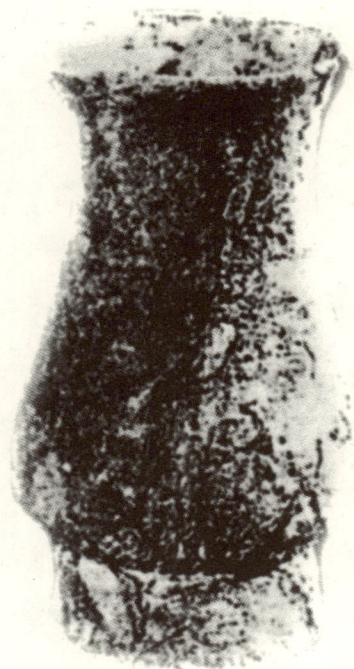

𢀰。
父癸。

字數：3
度量：通高 14.3 釐米
時代：商代後期
著録：《華夏考古》1997 年 2 期 17、22 頁
出土：1983—1986 年河南安陽市劉家莊 M9:36
現藏：河南安陽市文物工作隊

664 母己觶蓋

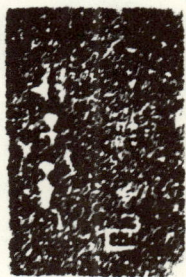

骉。母己。

字數:3
度量:通高 4.5 釐米
時代:西周早期
著録:《考古與文物》1990 年 5 期 26—43 頁
流傳:陝西西安市大白楊庫
現藏:陝西西安市文物中心

665 子工觶

 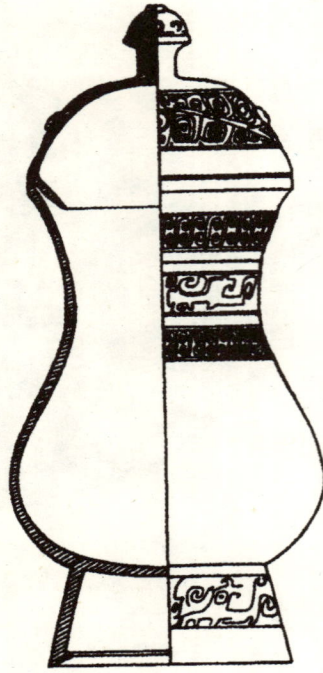

口　子
。　工。

字數:3
度量:通高 18.1 釐米
時代:商代後期
著錄:《華夏考古》1997 年 2 期 17、22 頁
出土:1983—1986 年河南安陽市劉家莊 M1:20
現藏:河南安陽市文物工作隊

128

666 入父乙觶

 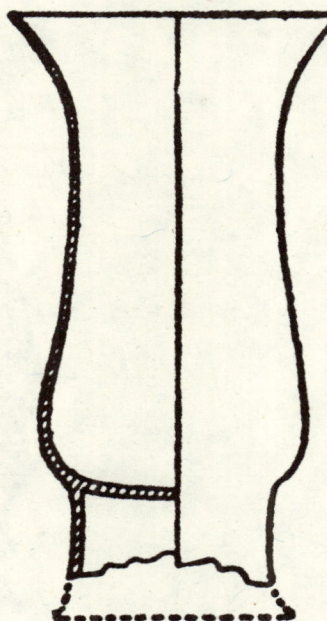

入。
父
乙。

字數：3
度量：通高 13.7 釐米，重 0.25 千克
時代：西周早期
著録：《文物》1998 年 3 期 20—24 頁
出土：1981 年 9 月陝西寶雞市西關紙坊頭村墓葬
現藏：陝西寶雞市博物館

667 尹舟父甲觶

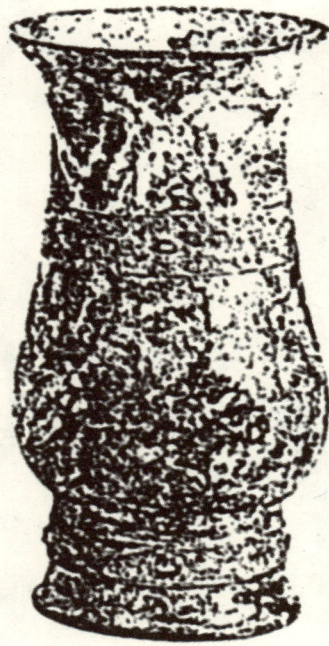

尹舟。父甲。

字數:4
度量:通高 15 釐米
時代:西周早期
著錄:富士比(1988,12,13:3)
流傳:英國倫敦富士比拍賣行

668 亼册父丁觶

（蓋）　　　（器）

亼册。父丁。

字數：4（蓋器同銘）
度量：通高 18.5 釐米
時代：商代後期
著録：《歐洲所藏中國青銅器遺珠》圖版 32
現藏：德國科隆東亞藝術博物館

131

669 榮鬥父辛觶

榮鬥。
父辛。

字數：4（蓋器同銘）
度量：通高 18.5 釐米
時代：商代後期
著録：《海岱考古》第一輯 313—314 頁
出土：1985 年春山東濰坊市坊子區院上水庫南崖
現藏：山東濰坊市博物館

670 亞天父癸觶

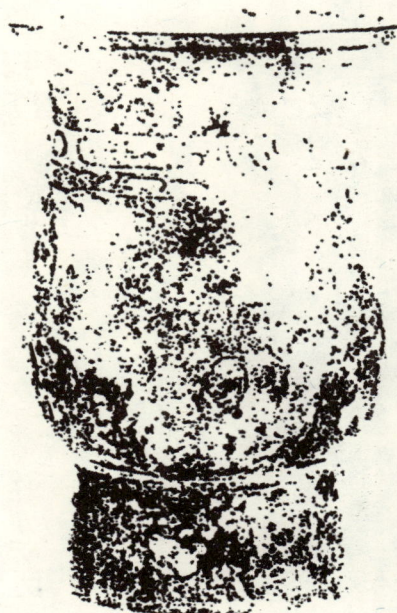

亞天。父癸。

字數：4
度量：通高 16.2 釐米
時代：西周早期
著録：富士比（1969，11，4：8）
流傳：英國倫敦富士比拍賣行

671 婦鳳觶

 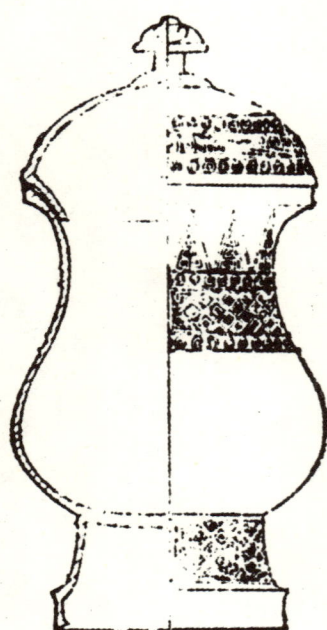

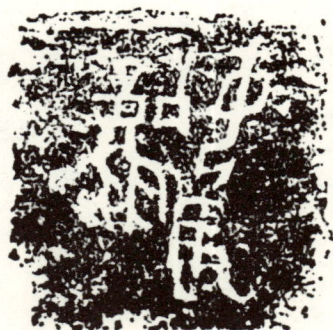

（器）

汲。
婦鳳。

（蓋）

戉矛。汲。婦鳳。

字數：蓋 5，器 3
度量：通高 18.4 釐米
時代：商代後期
著録：《考古》1994 年 5 期 394 頁
出土：1991 年 11 月河南安陽市高樓莊墓葬 M1：4
現藏：中國社會科學院考古研究所安陽工作隊

672 莽酰觯

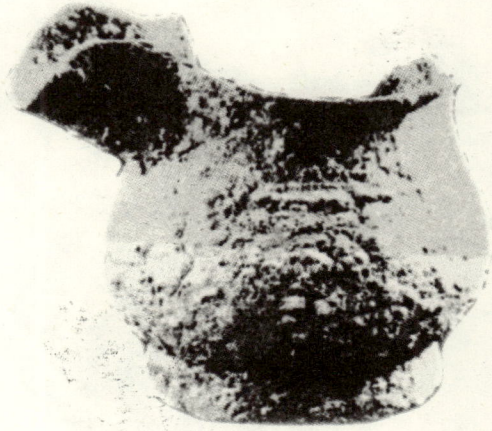

莽酰作
父己寶。

字數:6
度量:通高 9.1 釐米
時代:西周中期
著録:《文物》1996 年 7 期 54—68 頁
出土:1964—1972 年河南洛陽市北窑村西龐家溝墓葬 M418:26

673 莽妣觶

莽妣作
父己寶。

字數：6
度量：通高 9.1 釐米
時代：西周中期
著録：《文物》1996 年 7 期 54—68 頁
出土：1964—1972 年河南洛陽市北窑村西龐家溝墓葬 M418:27

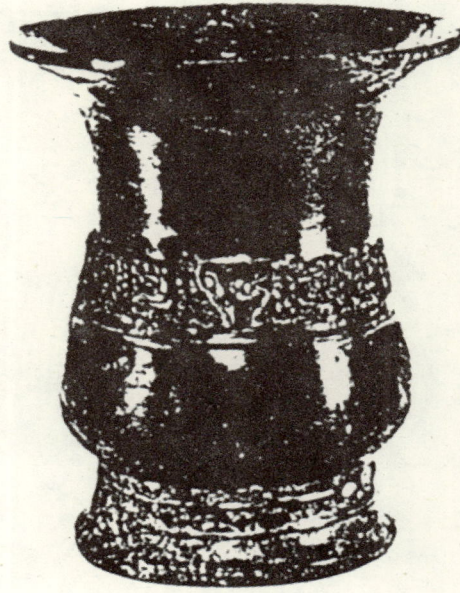

衡作父□
寶尊彝。

字數:7
度量:通高 20 釐米
時代:西周早期
著錄:富士比(1972,5,23:1)
流傳:英國倫敦富士比拍賣行

675 藕作父己觶

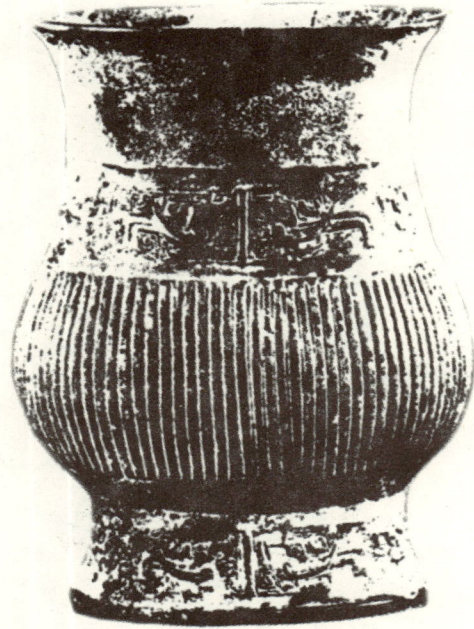

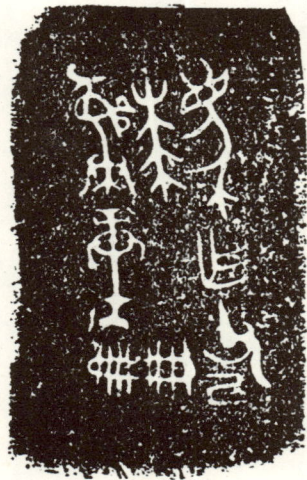

藕作父己
彝。寓冊。

字數:7
度量:通高 12.1 釐米,重 0.4 千克
時代:西周早期
著録:《寶雞強國墓地》(上)108 頁
出土:陝西寶雞市竹園溝 7 號墓 M7:9
現藏:陝西寶雞市博物館

676 束觶

（器）

（蓋）

公賞束，
用作父
辛于彝。

字數:9(蓋器同銘)
度量:通高 15.8 釐米
時代:西周早期
著錄:《歐洲所藏中國青銅器遺珠》圖版 90
現藏:瑞典斯德哥爾摩遠東古物博物館

677 敊觶

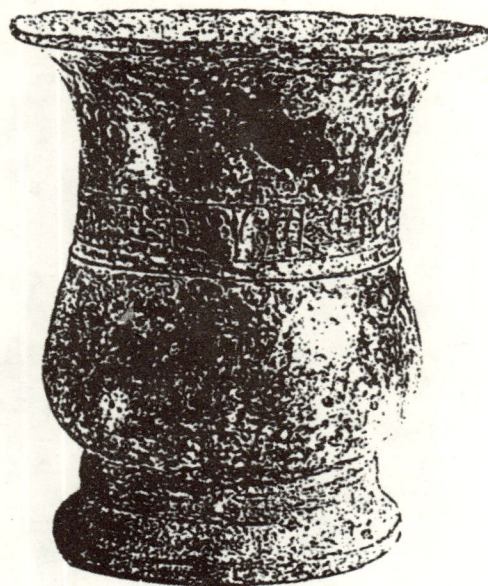

敊作旅彝，孫
子用言出入。

字數：10
度量：通高 18.5 釐米
時代：西周中期
著録：富士比（1984，12，11：14）
流傳：英國倫敦富士比拍賣行

678 重觶

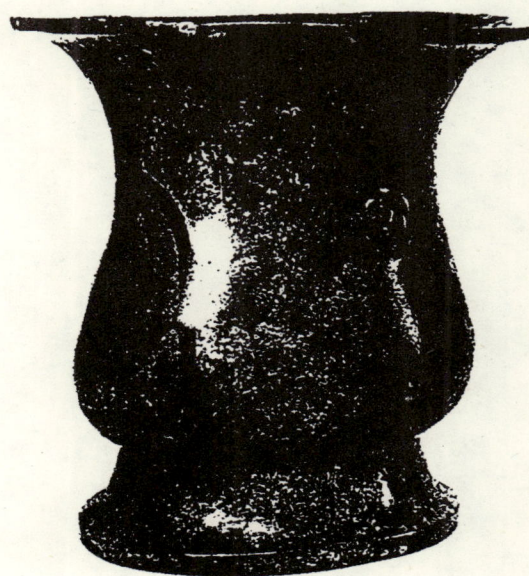

重肇諆爲禦，作父甲旅尊彝。

字數:11
度量:通高 17 釐米
時代:西周早期
著録:富士比(1973，11，27:12)
流傳:Natanael Wessen 舊藏;英國倫敦富士比拍賣行
備註:《殷周金文集成》11.5952 尊與此同銘

八、 舥類

679 天觚

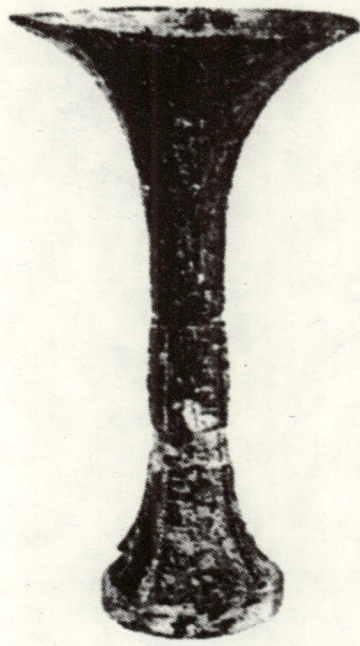

　　　天。

字數：1
度量：通高 30 釐米，口徑 16.3 釐米
時代：商代後期
著錄：《考古與文物》1996 年 6 期 74—77 頁
現藏：河南南陽市博物館

680 天觚

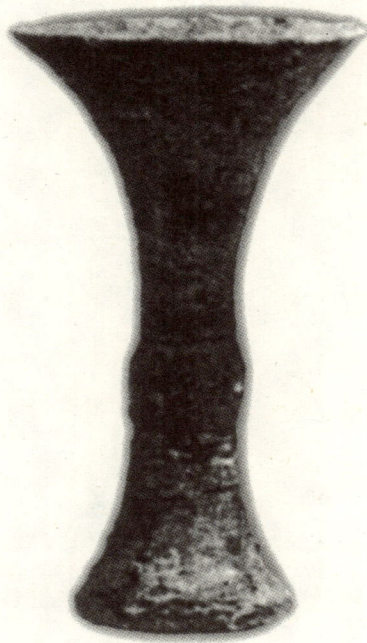

天。

字數：1
度量：通高 24.5 釐米
時代：商代後期
著録：《海岱考古》第一輯 320—324 頁
現藏：山東濟南市博物館

681 戉觚

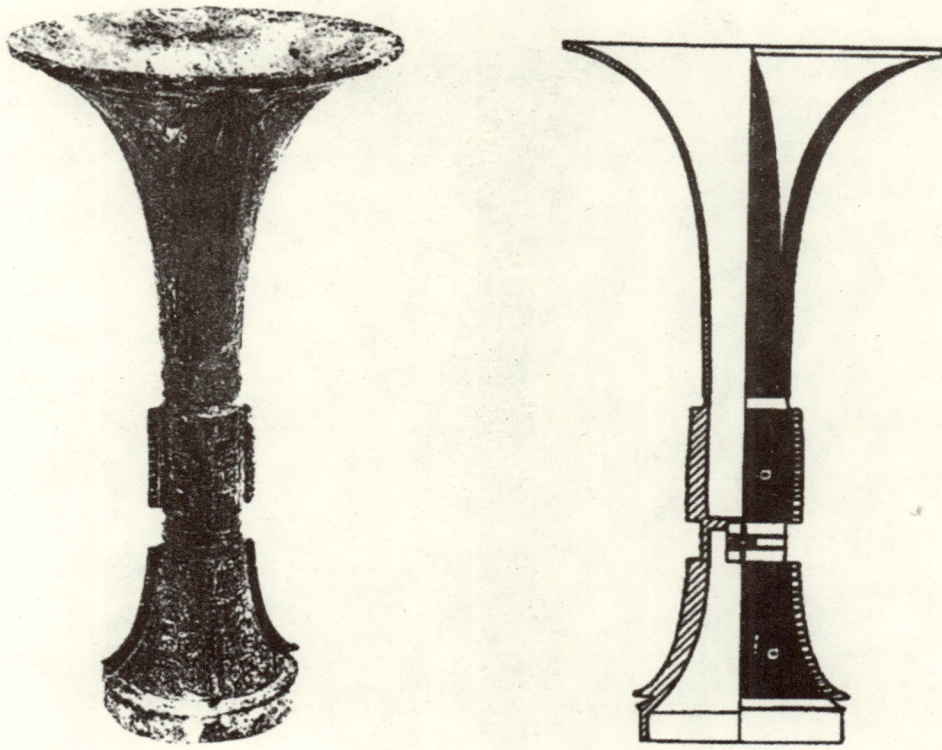

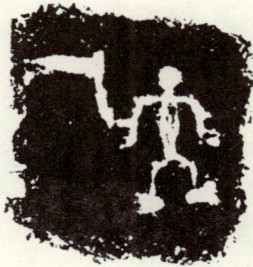

戉

字數：1
度量：通高 31.5 釐米，口徑 16.7 釐米
時代：商代後期
著録：《安陽殷墟郭家莊商代墓葬》38 頁
出土：河南安陽市殷墟郭家莊 M220：4
現藏：中國社會科學院考古研究所

682 ＜觚

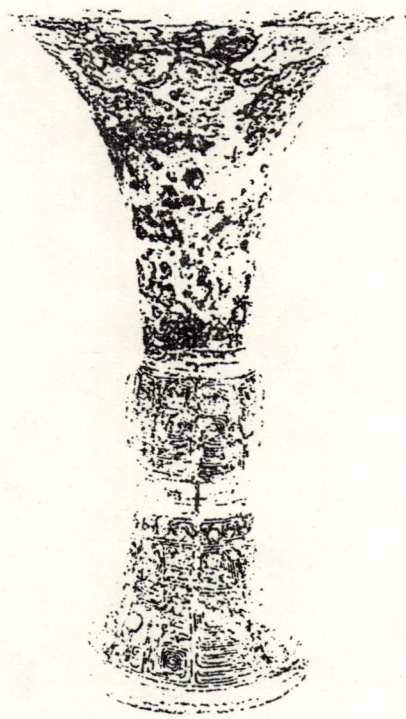

字數:1
度量:通高 26 釐米
時代:商代後期
著録:富士比(1968,5,28:30)
流傳:英國倫敦富士比拍賣行

683 旅觚

旅。

字數:1
度量:通高 26.8 釐米,口徑 15.3 釐米,重 1.05 千克
時代:商代後期
著錄:《文物》1985 年 8 期 82—84 頁
現藏:北京首都博物館

684 倗觚

 倗。

字數:1
度量:通高 31 釐米,口徑 15.6 釐米
時代:商代後期
著録:《海岱考古》第一輯 320—324 頁
現藏:山東濟南市博物館

685 倗觚

倗。

字數：1
度量：通高 27.4 釐米
時代：商代後期
著録：佳士得（1988，6，6：28）
流傳：英國倫敦佳士得拍賣行

686 印觚

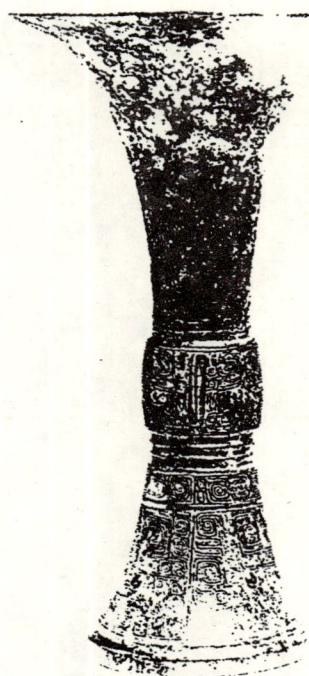

印。

字數:1
度量:通高 25.5 釐米
時代:商代後期
著録:富士比(1982,6,15:110)
流傳:英國倫敦富士比拍賣行

687 守觚

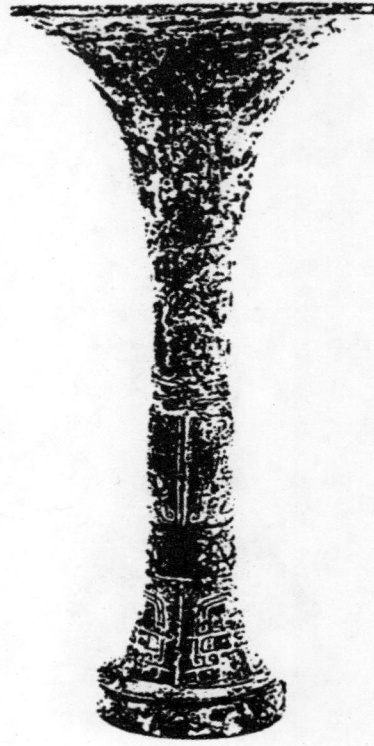

員   守。

字數:1
度量:通高 27.5 釐米
時代:商代後期
著録:富士比(1974,12,2:5)
流傳:英國倫敦富士比拍賣行

688 殻觚

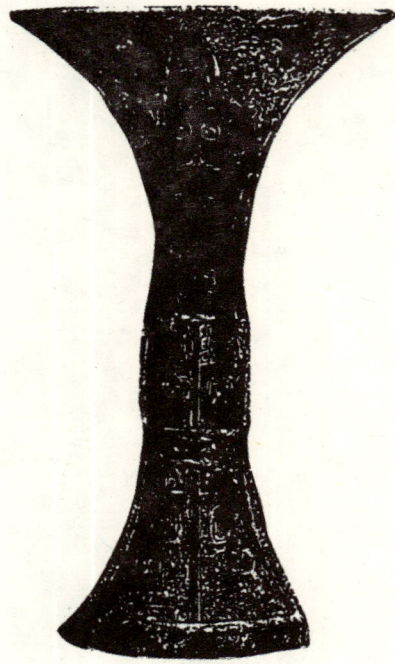

殻。

字數:1
度量:通高 27.8 釐米
時代:商代後期
著録:佳士得(1993,6,7:85)
流傳:Somerset de Chair 舊藏;英國倫敦佳士得拍賣行

689 爰觚

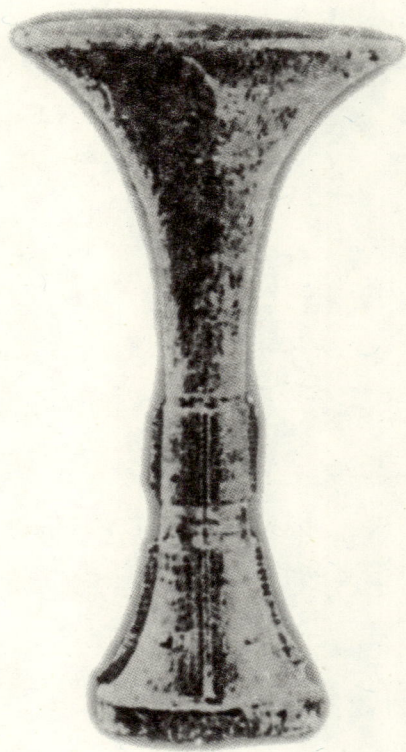

爰。

字數:1
度量:通高 22.1 釐米,口徑 14.1 釐米,重 0.85 千克
時代:商代後期
著録:《考古學報》1991 年 3 期 333—342 頁
出土:1984 年 10—11 月河南安陽市戚家莊東 269 號墓
現藏:河南安陽市文物工作隊

690 爰觚

爰。

字數:1
度量:通高 27 釐米,口徑 15.5 釐米,重 0.95 千克
時代:商代後期
著録:《考古學報》1991 年 3 期 333—342 頁
出土:1984 年 10—11 月河南安陽市戚家莊東 269 號墓
現藏:河南安陽市文物工作隊

正。

字數:1
度量:通高 27.7 釐米
時代:商代後期
著録:富士比(1977,12,13:7)
流傳:英國倫敦富士比拍賣行

692 正觚

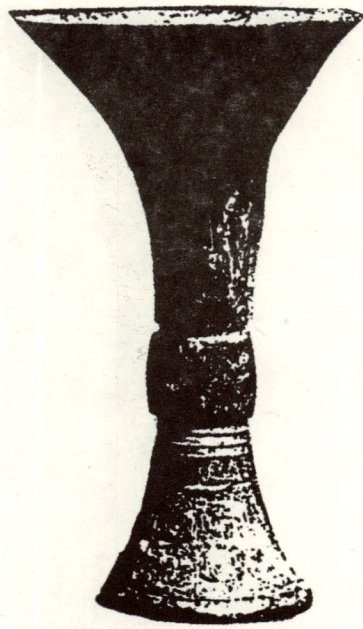

　　　　正。

字數:1
度量:通高 27.5 釐米
時代:商代後期
著録:佳士得(紐約 1986,12,2:311)
流傳:英國倫敦佳士得拍賣行

693 徙觚

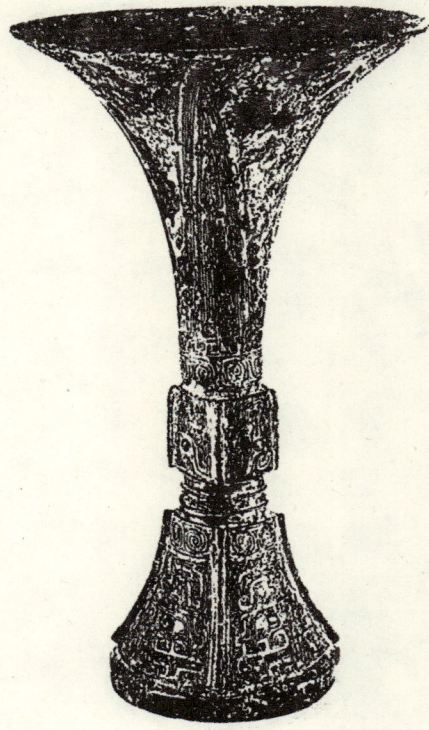

徙。

字數:1
度量:通高 26 釐米
時代:商代後期
著録:富士比（1969,5,13:15）
流傳:英國倫敦富士比拍賣行

694 念觚

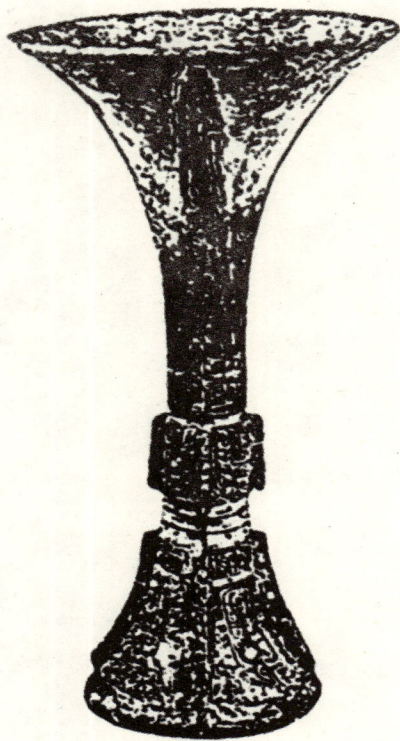

念。

字數:1
度量:通高 26 釐米
時代:商代後期
著録:富士比(1958,6,24:89)
流傳:英國倫敦富士比拍賣行

695 子觚

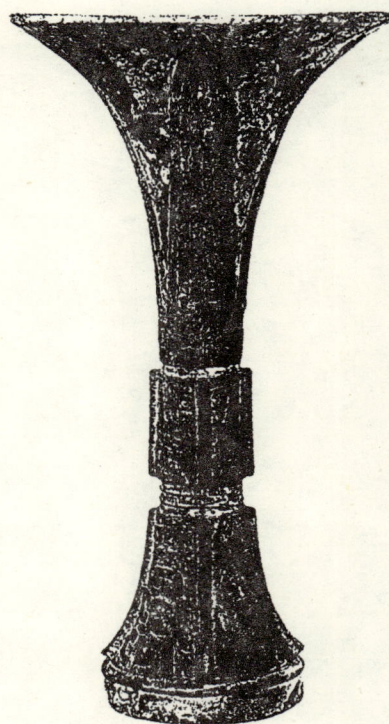

子。

字數：1
度量：通高 29.7 釐米
時代：商代後期
著錄：富士比（1977，12，13：208）
流傳：英國倫敦富士比拍賣行

696 昷觚

昷。

字數:1
度量:通高 29.9 釐米
時代:商代後期
著錄:富士比(1973,11,16:10)
流傳:英國倫敦富士比拍賣行

697 膆觚

膆。

字數：1
度量：通高 24.2 釐米，口徑 14.2 釐米
時代：商代後期
著録：《中原文物》1998 年 2 期 111—113 頁
現藏：河南鄭州大學文博學院

698 羊觚

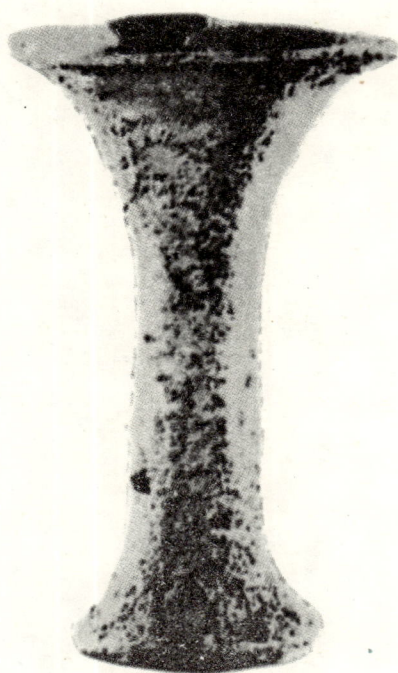

羊。

字數:1
度量:通高 18.2 釐米,口徑 11.5 釐米
時代:商代後期
著錄:《考古》1991 年 10 期 903—907 頁
出土:1986 年底河南安陽市郭家莊村北墓葬 M6:26
現藏:河南安陽市文物工作隊

699 羍觚

字數:1
度量:通高 31.3 釐米
時代:商代後期
著錄:富士比(1975,7,8:5)
流傳:英國倫敦富士比拍賣行

700 集觚

集。

字數：1
度量：通高 27 釐米
時代：商代後期
著録：富士比（1978，3，30：20）
流傳：英國倫敦富士比拍賣行

701 融觚

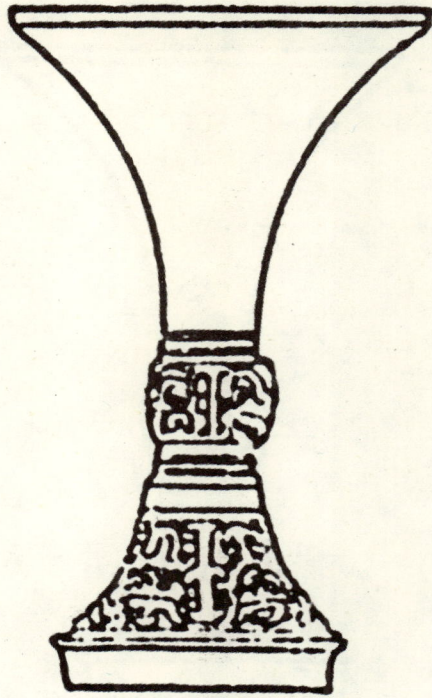

　　融。

字數：1
度量：通高 26.4 釐米，口徑 15.6 釐米
時代：商代後期
著録：《海岱考古》第一輯 256—266 頁
出土：1986 年春山東青州市蘇埠屯墓葬 M8：3
現藏：山東青州市博物館

702 融觚

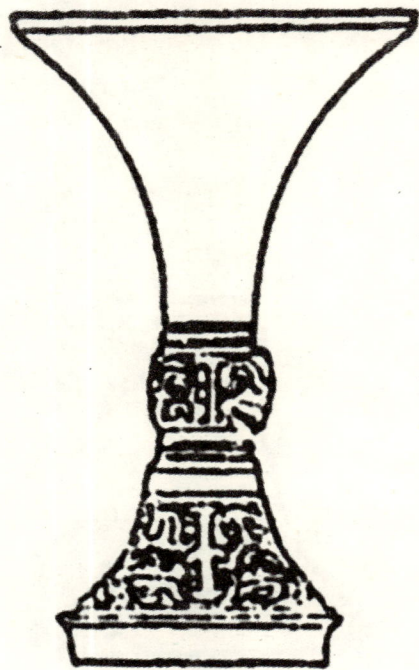

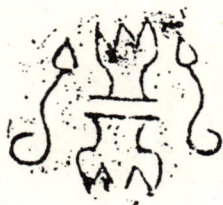　　　　　　　融。

字數：1
度量：通高 26.4 釐米，口徑 15.6 釐米
時代：商代後期
著録：《海岱考古》第一輯 256—266 頁
出土：1986 年春山東青州市蘇埠屯墓葬 M8：2
現藏：山東青州市博物館

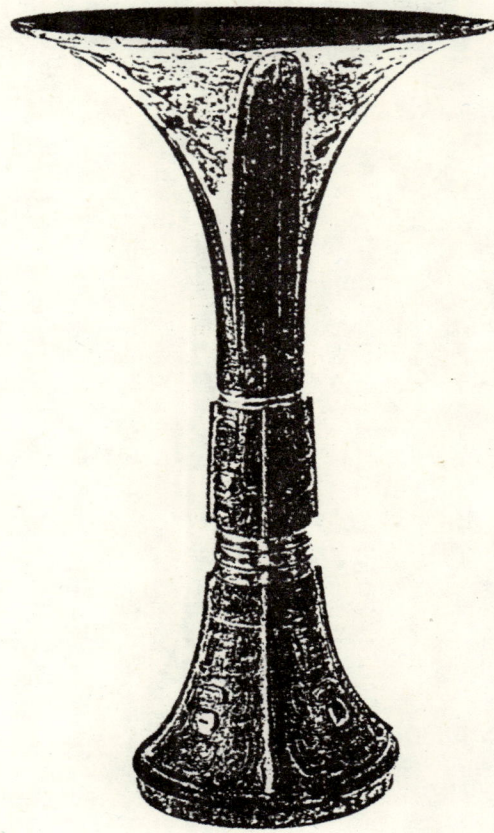

字數:1
度量:通高 27.9 釐米
時代:商代後期
著錄:富士比(1970,7,14:47)
流傳:英國倫敦富士比拍賣行

704 襄觚

襄。

字數:1
度量:通高 30.9 釐米,口徑 15.9 釐米
時代:商代後期
著録:《歐洲所藏中國青銅器遺珠》圖版 25
現藏:德國科隆東亞藝術博物館

705 古觚

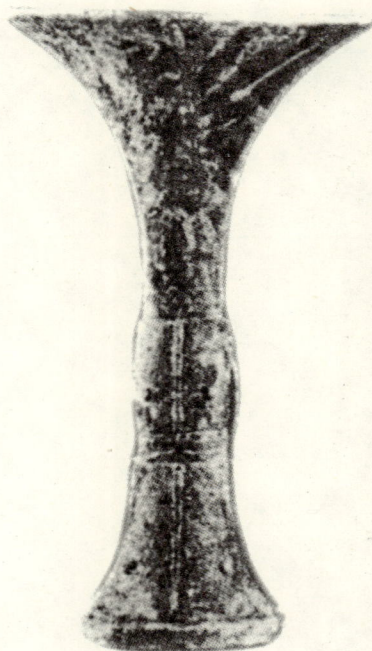

　　　　　古。

字數:1
度量:通高 28.7 釐米,口徑 16.5 釐米,重 1.15 千克
時代:商代後期
著錄:《考古》1988 年 10 期 867—868 頁
出土:1983 年 6—10 河南安陽市大司空村墓葬 M663:50
現藏:中國社會科學院考古研究所安陽工作隊

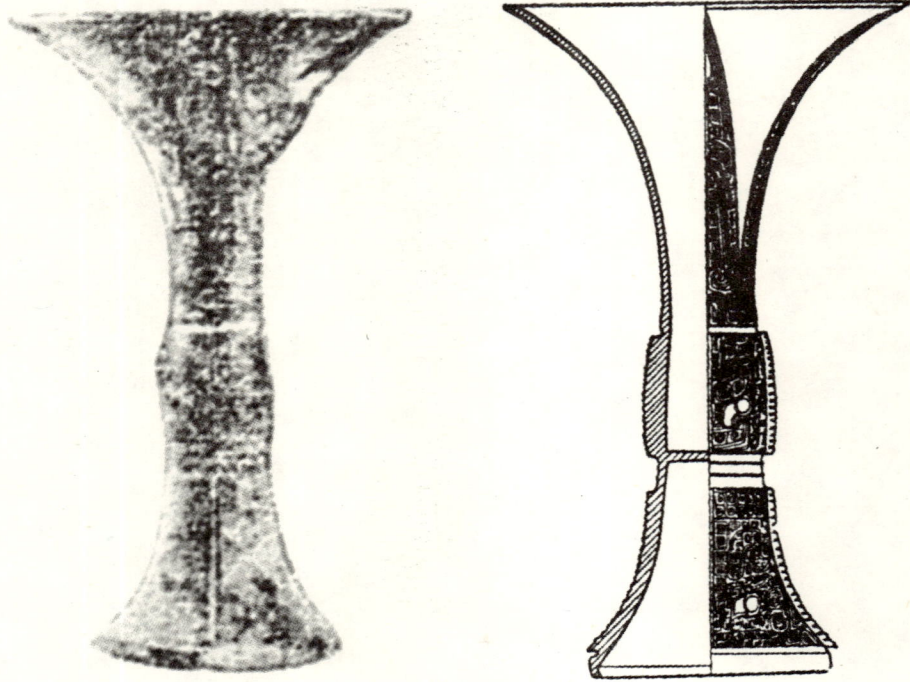

柬。

字數:1
度量:通高 28.4 釐米,口徑 16.7 釐米,重 1.16 千克
時代:商代後期
著錄:《考古》1988 年 10 期 867—868 頁
出土:1983 年 6—10 河南安陽市大司空村墓葬 M663∶53
現藏:中國社會科學院考古研究所安陽工作隊

707 弓觚

弓。

字數：1
度量：通高 32 釐米
時代：商代後期
著録：富士比（1970，11，17：32）
流傳：英國倫敦富士比拍賣行

708 宁觚

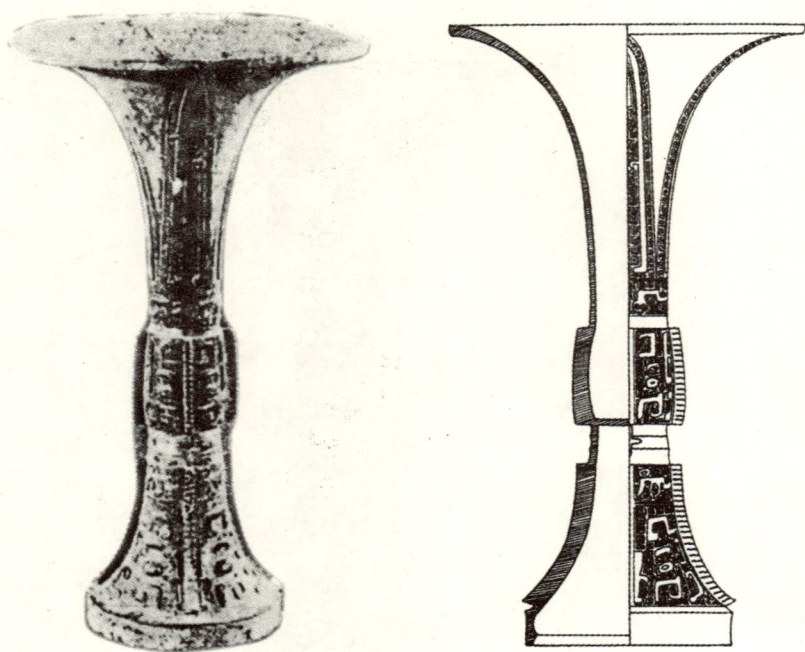

宁。

字數:1
度量:通高 30.6 釐米,口徑 17 釐米
時代:商代後期
著録:《華夏考古》1997 年 2 期 17—18 頁
出土:1983—1986 年河南安陽市劉家莊 M2:1
現藏:河南安陽市文物工作隊

709 戈觚

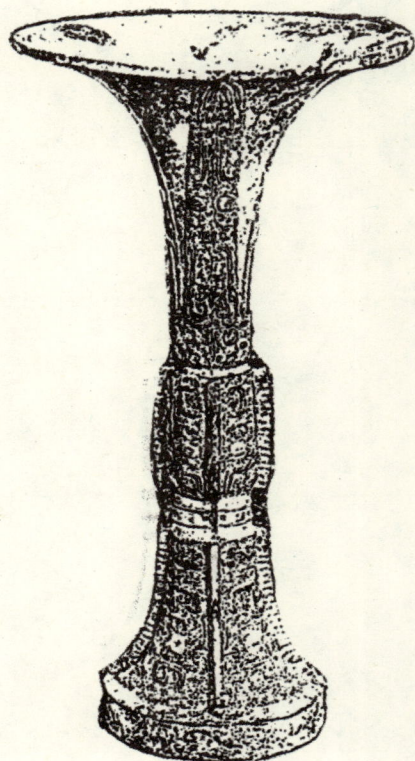

戈。

字數:1
度量:通高 30.5 釐米
時代:商代後期
著錄:富士比(1973,11,27:7)
流傳:英國倫敦富士比拍賣行

710 戈觚

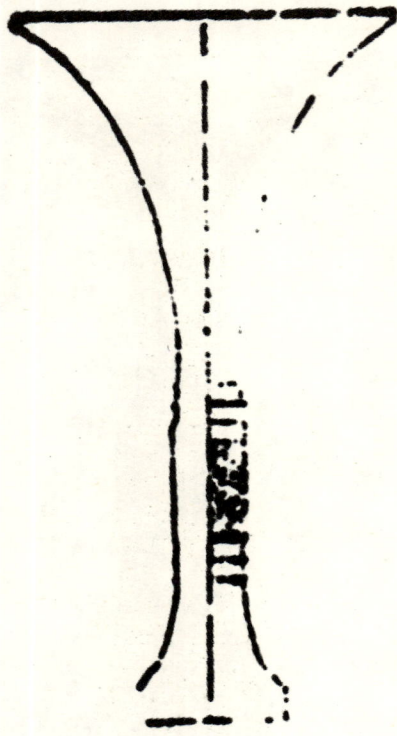

戈。

字數:1
度量:通高 29.3 釐米,口徑 15.5 釐米
時代:商代後期
著録:《中原文物》1988 年 1 期 15—19 頁
出土:1985 年 5 月河南羅山縣蟒張鄉后李村墓葬 M43:1
現藏:河南羅山縣文物管理委員會

711 戈觚

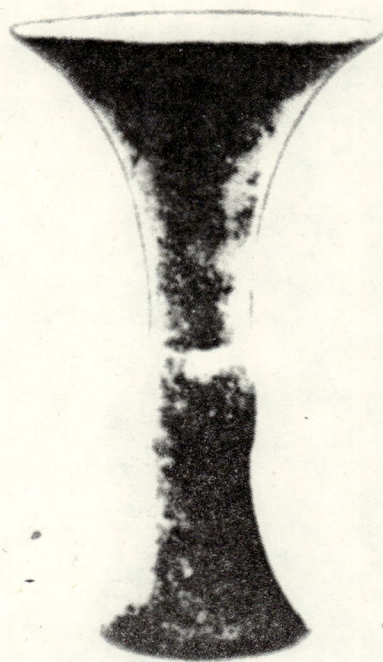

 戈。

字數：1
度量：通高 26.7 釐米，口徑 14.8 釐米
時代：商代後期
著錄：《考古學報》1986 年 2 期 161—172 頁
出土：1979—1980 年河南羅山縣蟒張鄉天湖村墓葬 27：1
現藏：河南羅山縣文化館

712 △觚

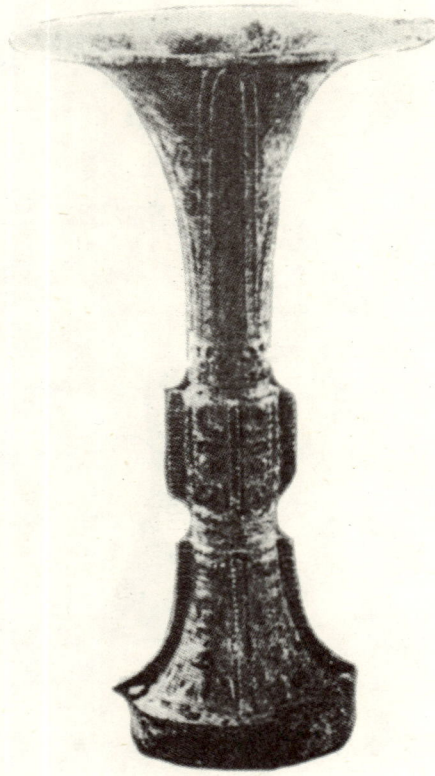

字數:1
度量:通高 32.5 釐米,口徑 17.6 釐米
時代:商代後期
著録:《文物》1986 年 11 期 14 頁
出土:1985 年 1 月山西靈石縣旌介村墓葬 M2:30
現藏:山西靈石縣文化局

713 ⿱亼瓜觚

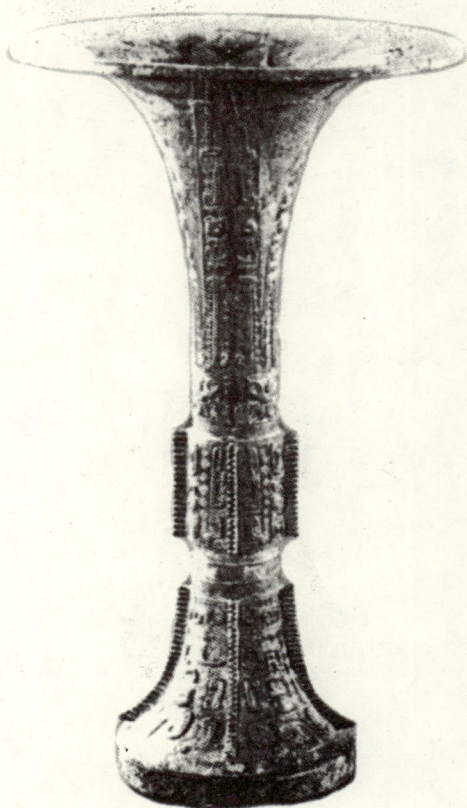

字數: 1
度量: 通高 30.7 釐米, 口徑 17.8 釐米
時代: 商代後期
著録: 《文物》1986 年 11 期 14 頁
出土: 1985 年 1 月山西靈石縣㫩介村墓葬 M2:29
現藏: 山西靈石縣文化局

714 祖丁觚

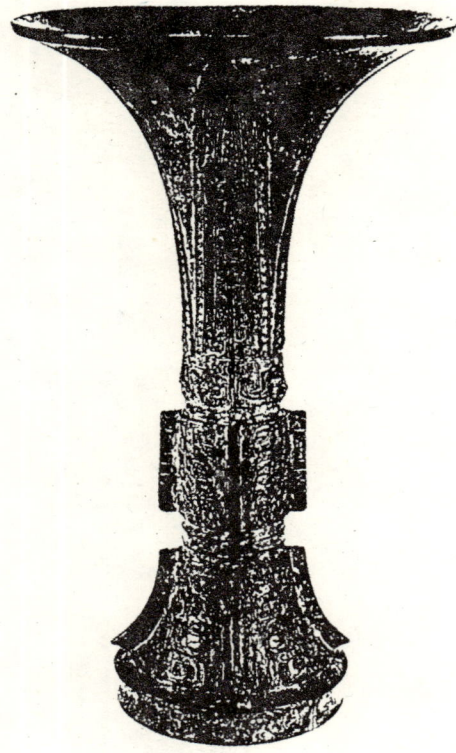

祖
丁。

字數:2
度量:通高 29 釐米
時代:商代後期
著錄:富士比(1970,2,10:17)
流傳:英國倫敦富士比拍賣行

715 父癸觚

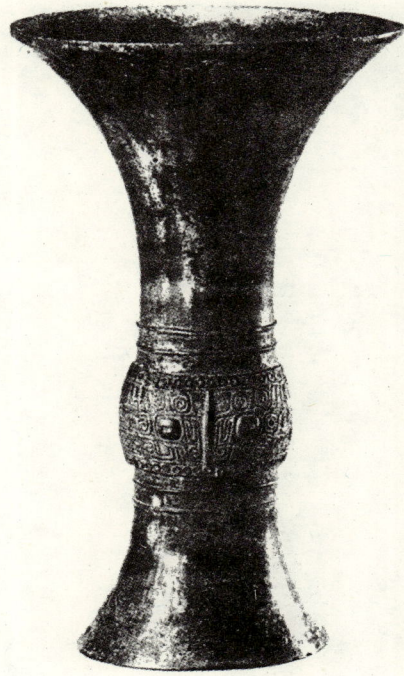

父癸。

字數:2
度量:通高 22.4 釐米,口徑 13.6 釐米,重 0.9 千克
時代:西周早期
著錄:《高家堡戈國墓》97 頁
出土:1991 年陝西涇陽縣興隆鄉高家堡 M4:10
現藏:陝西涇陽縣博物館

716 大辛觚

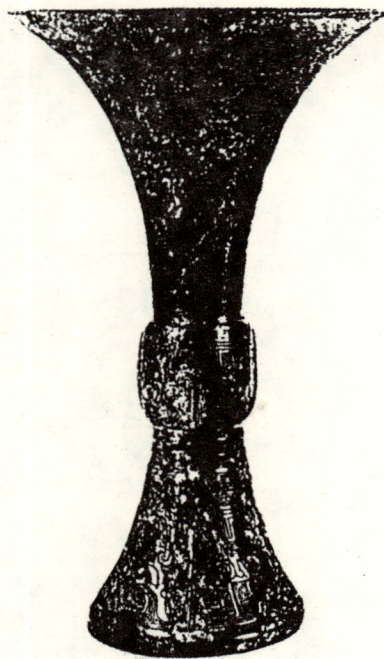

辛。
大。

字數：2
度量：通高 25 釐米
時代：西周早期
著錄：富士比（971，5，18：22）
流傳：英國倫敦富士比拍賣行

717 亞址瓿

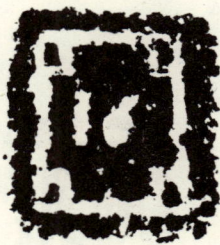

亞
址。

字數:2
度量:通高 30.3 釐米,重 2.05 千克
時代:商代後期
著録:《安陽殷墟郭家莊商代墓葬》10 頁
出土:河南安陽殷墟郭家莊 M160:112
現藏:中國社會科學院考古研究所

718 亞址瓠

亞
址。

字數:2
度量:通高 30 釐米,重 1.85 千克
時代:商代後期
著録:《安陽殷墟郭家莊商代墓葬》101 頁
出土:河南安陽市殷墟郭家莊 M160:113
現藏:中國社會科學院考古研究所

719 亞址觚

亞
址。

字數:2
度量:通高 30 釐米,重 2 千克
時代:商代後期
著録:《安陽殷墟郭家莊商代墓葬》101 頁
出土:河南安陽市殷墟郭家莊 M160:114
現藏:中國社會科學院考古研究所

720 亞址瓢

亞
址。

字數:2
度量:通高 30.2 釐米,重 1.92 千克
時代:商代後期
著録:《安陽殷墟郭家莊商代墓葬》101 頁
出土:河南安陽殷墟郭家莊 M160:116
現藏:中國社會科學院考古研究所

721 亞址觚

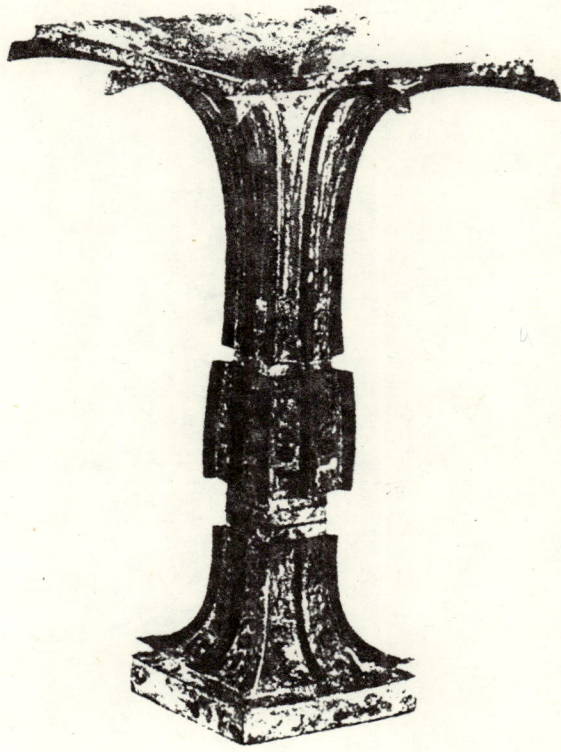 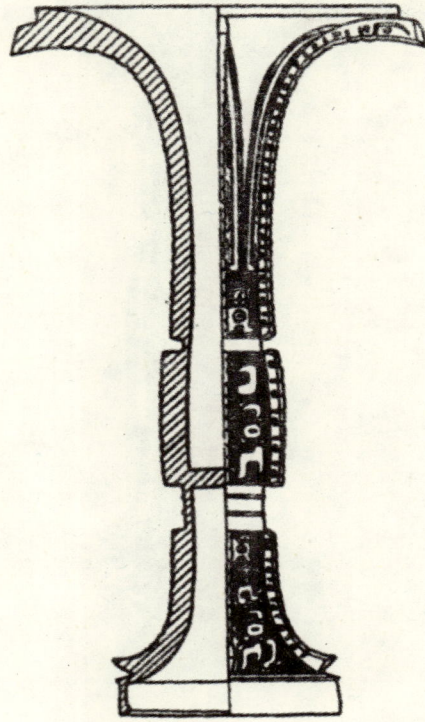

亞址。

字數:2
度量:通高 30.4 釐米,重 2.05 千克
時代:商代後期
著録:《安陽殷墟郭家莊商代墓葬》101 頁
出土:河南安陽殷墟郭家莊 M160:133
現藏:中國社會科學院考古研究所

722 亞址觚

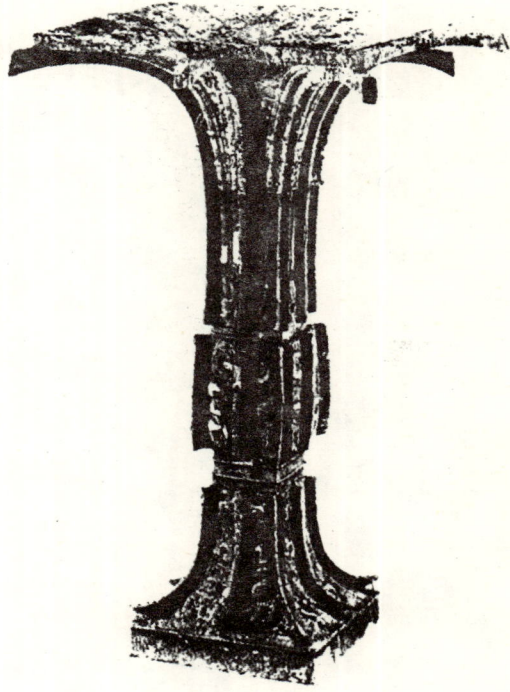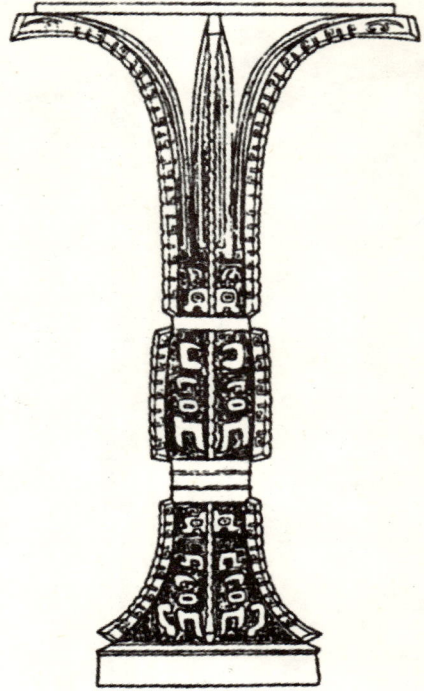

亞
址。

字數:2
度量:通高 30.3 釐米,重 2.06 千克
時代:商代後期
著錄:《安陽殷墟郭家莊商代墓葬》101 頁
出土:河南安陽殷墟郭家莊 M160:166
現藏:中國社會科學院考古研究所

723 亞址觚

亞
址。

字數:2
度量:通高 30.7 釐米,重 2.04 千克
時代:商代後期
著錄:《安陽殷墟郭家莊商代墓葬》101 頁
出土:河南安陽殷墟郭家莊 M160:139
現藏:中國社會科學院考古研究所

724 亞址觚

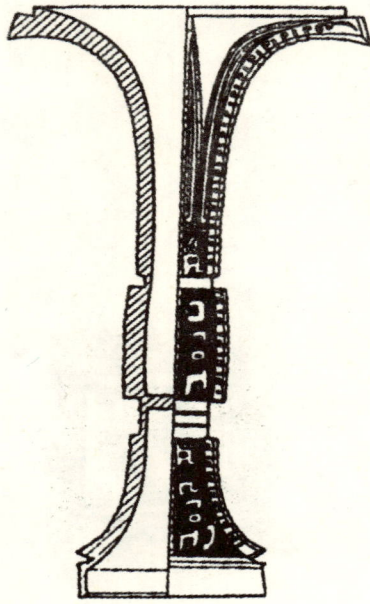

亞
址。

字數:2
度量:通高 30.2 釐米,重 2 千克
時代:商代後期
著錄:《安陽殷墟郭家莊商代墓葬》101 頁
出土:河南安陽市殷墟郭家莊 M160:171
現藏:中國社會科學院考古研究所

725 亞址觚

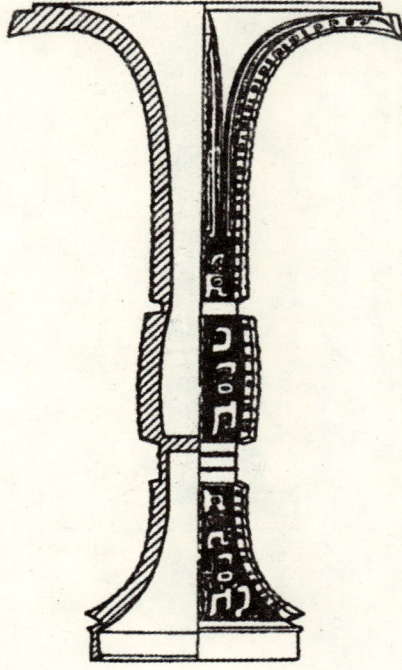

亞
址。

字數:2
度量:通高 29.7 釐米,重 1.95 千克
時代:商代後期
著録:《安陽殷墟郭家莊商代墓葬》101 頁
出土:河南安陽殷墟郭家莊 M160:170
現藏:中國社會科學院考古研究所

726 亞址觚

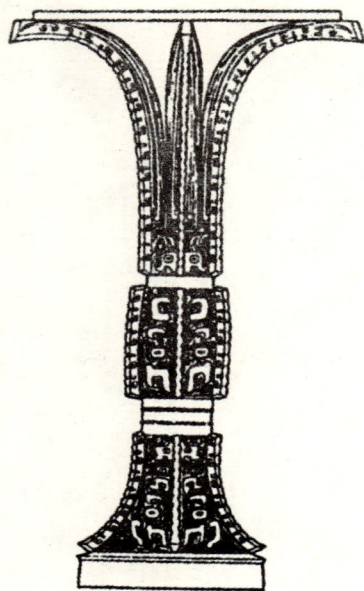

亞址。

字數:2
度量:通高 30 釐米,重 2 千克
時代:商代後期
著錄:《安陽殷墟郭家莊商代墓葬》101 頁
出土:河南安陽市殷墟郭家莊 M160:150
現藏:中國社會科學院考古研究所

727 亞雔觚

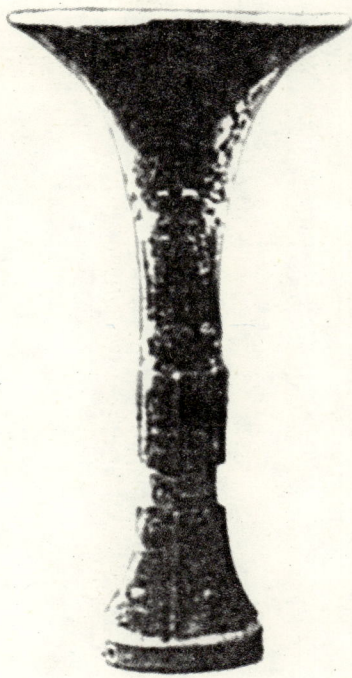

亞
雔。

字數:2
度量:通高 32.2 釐米,口徑 16.1 釐米
時代:商代後期
著錄:《考古學報》1986 年 2 期 161—172 頁
出土:1979—1980 年河南羅山縣蟒張鄉天湖村墓葬 M11:5
現藏:河南羅山縣文化館

728 亞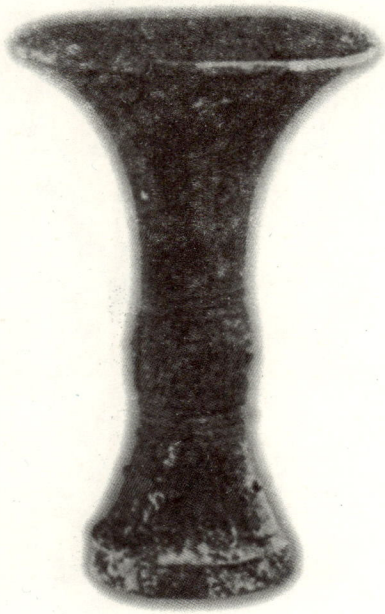觚

亞
觚。

字數:2
度量:通高 26.2 釐米,口徑 16.1 釐米
時代:商代後期
著録:《海岱考古》第一輯 256—266 頁
出土:1986 年春山東青州市蘇埠屯墓葬 M7:6
現藏:山東青州市博物館

729 亞隻觚

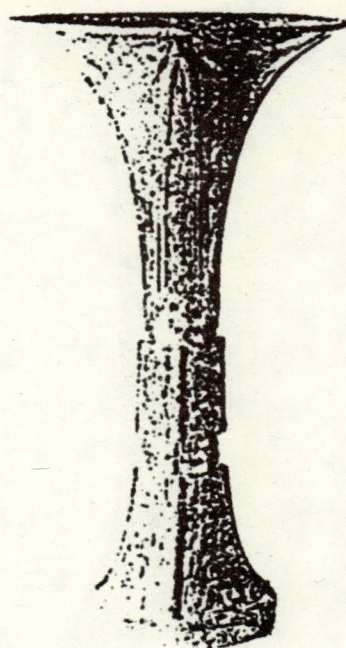

亞隻。

字數:2
度量:通高 29.8 釐米
時代:商代後期
著錄:富士比(1984,12,11:4)
流傳:英國倫敦富士比拍賣行

730 亞酉觚

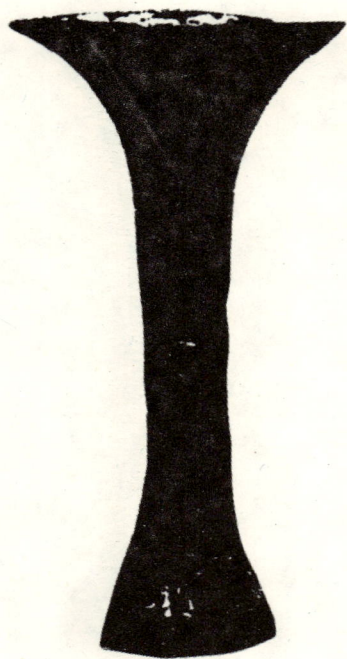

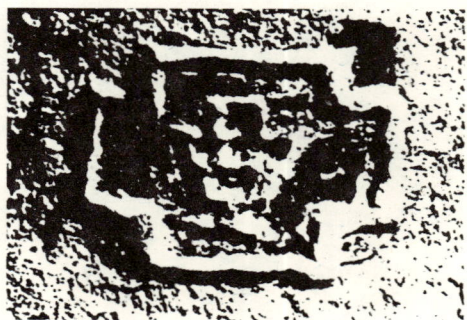

亞酉。

字數:2
度量:通高 30 釐米
時代:商代後期
著錄:佳士得(1981,12,16:313)
流傳:英國倫敦佳士得拍賣行

731 子癸觚

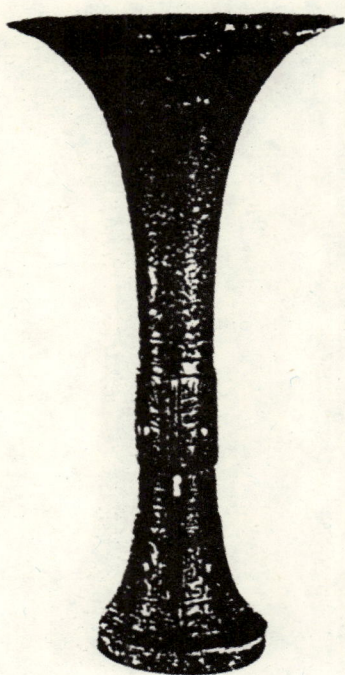

　　　　　　　子癸。

字數：2
度量：通高 32 釐米
時代：商代後期
著録：富士比（1972,3,14：15）
流傳：英國倫敦富士比拍賣行

732 龔子觚

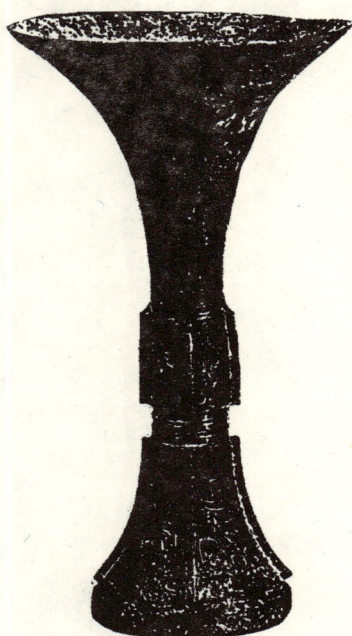

龔子。

字數:2
度量:通高 27.8 釐米
時代:商代後期
著録:富士比(1993,12,7:10)
流傳:英國倫敦富士比拍賣行

733 右守觚

右守。

字數:2
度量:通高 28.5 釐米
時代:商代後期
著録:富士比(1970,11,17:41)
流傳:英國倫敦富士比拍賣行

734 冊衛觚

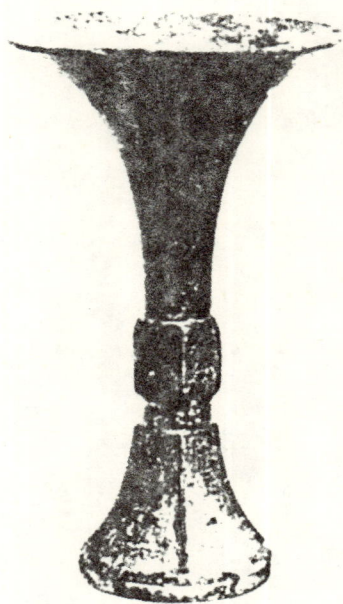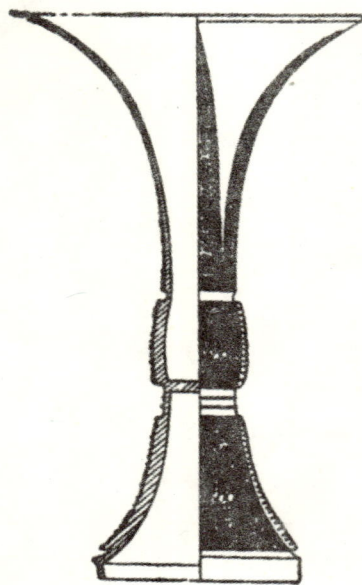

冊
衛。

字數:2
度量:通高 28.2 釐米
時代:商代後期
著録:《考古》1991 年 2 期 132—134 頁
出土:1987 年 8—12 月河南安陽市梅園莊南地墓葬 M92:1
現藏:河南安陽文物工作隊

735 息尊觚

尊。息。

字數:2
時代:商代後期
著録:《考古學報》1986 年 2 期 161—172 頁
出土:1979—1980 年河南羅山縣蟒張鄉
　　　天湖村墓葬 M6:7
現藏:河南羅山縣文化館

736 息母觚

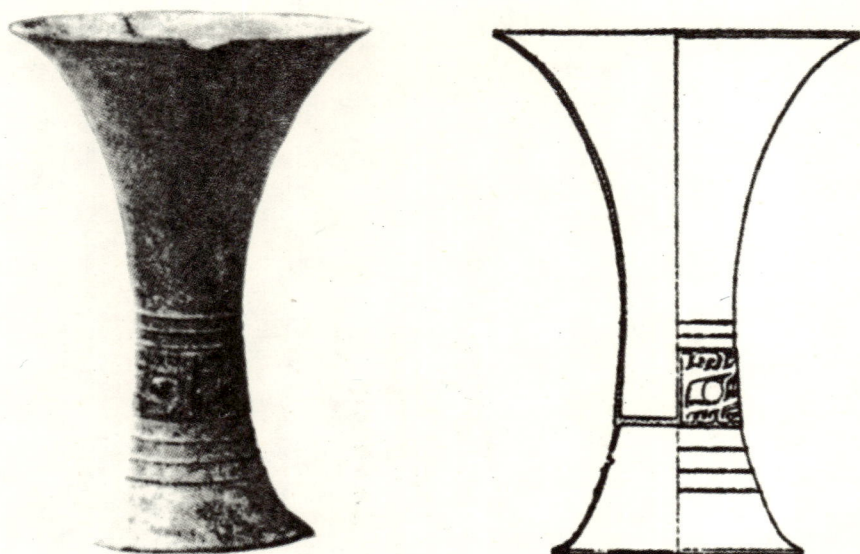

息。
母。

字數：2
度量：通高 20.2 釐米，口徑 13.9 釐米
時代：商代後期
著錄：《考古學報》1986 年 2 期 161—172 頁
出土：1979—1980 年河南羅山縣蟒張鄉
　　　天湖村墓葬 M28:7
現藏：河南羅山縣文化館

737 息乙觚

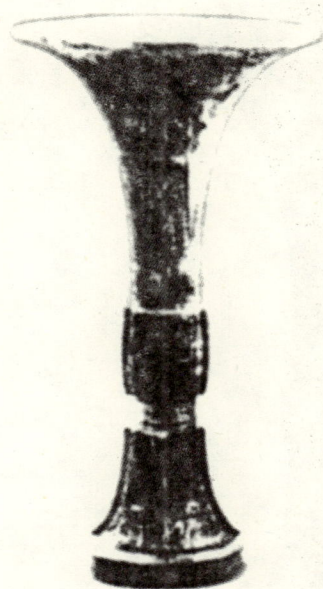 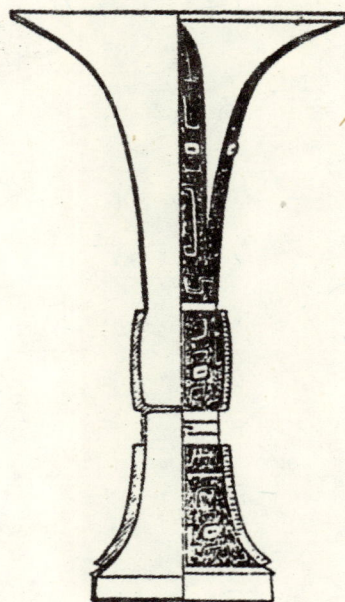

乙。
息。

字數:2
度量:通高 30.7 釐米,口徑 16.5 釐米
時代:商代後期
著録:《考古學報》1986 年 2 期 161—172 頁
出土:1979—1980 年河南羅山縣蟒張鄉
　　　天湖村墓葬 M8:5
現藏:河南羅山縣文化館

738 龏冊觚

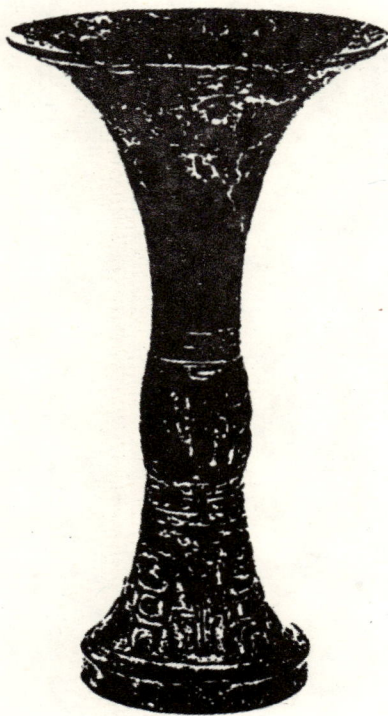

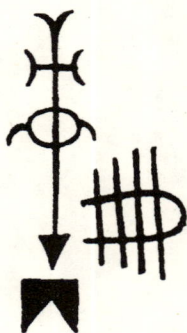

庚丙冊。

字數:2
度量:通高 27 釐米.
時代:商代後期
著錄:富士比(1976,4,6:4)
流傳:英國倫敦富士比拍賣行

739 倒田觚

倒
田。

字數:2
度量:通高 29.3 釐米,口徑 16.7 釐米
時代:商代後期
著録:《文物》1986 年 8 期 76—80 頁
出土:1969 年 7 月河南安陽市豫北紡織廠
現藏:河南安陽市博物館

740 西單觚

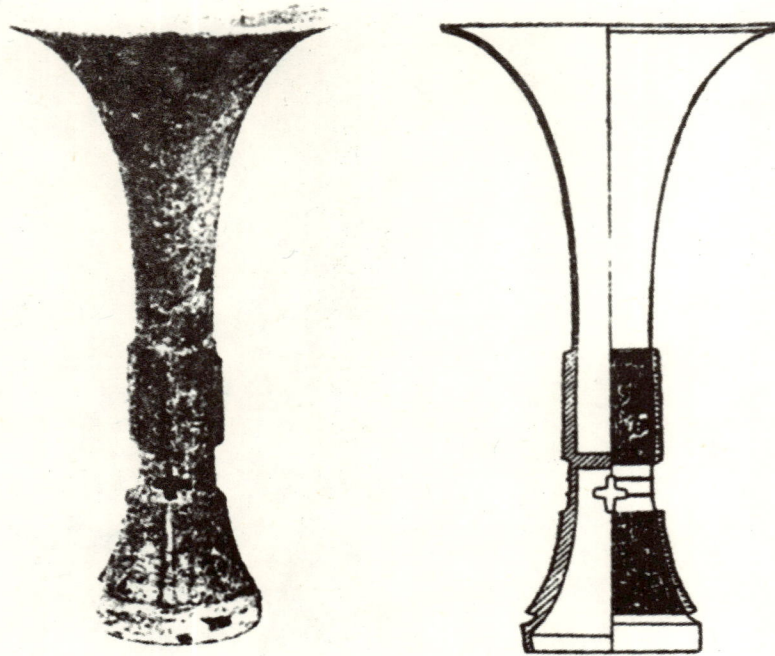

西單。

字數:2
度量:通高 28.2 釐米
時代:商代後期
著録:《考古》1991 年 2 期 132—134 頁
出土:1987 年 8—12 月河南安陽市
　　　梅園莊南地墓葬 M20:2
現藏:河南安陽文物工作隊

741 亞田觚

亞
田。

字數:2
度量:通高 29 釐米,口徑 14.8 釐米
時代:商代後期
著錄:《考古》1993 年 10 期 883—896 頁
出土:1991 年河南安陽市後岡墓葬 M33:3
現藏:中國社會科學院考古研究所安陽工作隊

742 息父乙觚

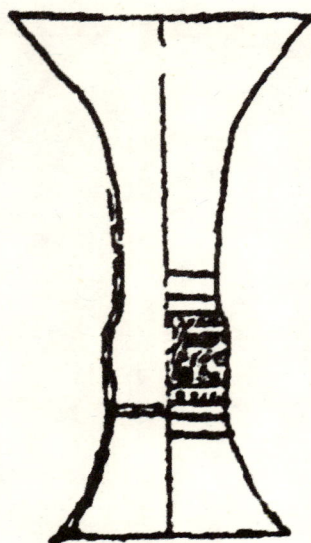

息。父乙。

字數：3
度量：通高 21.3 釐米，口徑 13 釐米
時代：商代後期
著録：《中原文物》1988 年 1 期 15—19 頁
出土：1985 年 5 月河南羅山縣蟒張鄉
　　　後李村墓葬 M44：11
現藏：河南羅山縣文物管理委員會

743 卩父戊觚

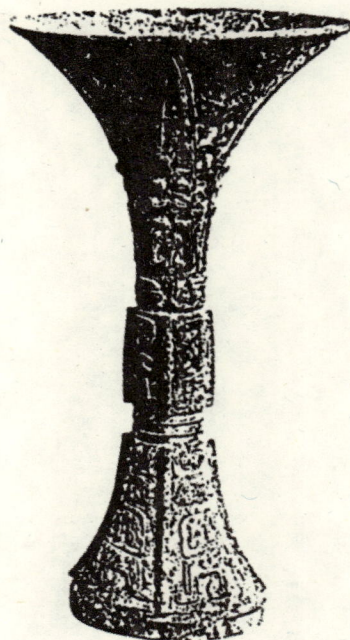

卩。父戊。

字數：3
度量：通高 28.5 釐米
時代：商代後期
著録：富士比（1947,3,25:79）
流傳：英國倫敦富士比拍賣行

744 旅止盉觚

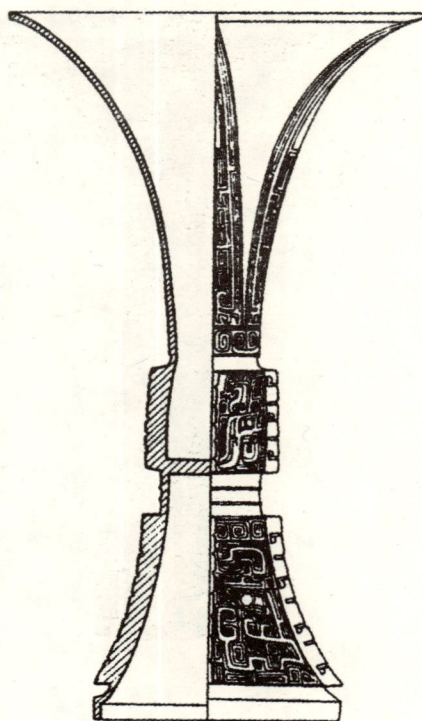

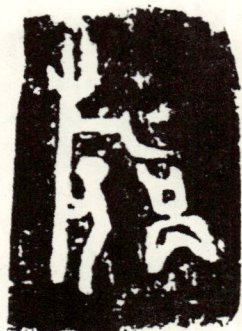

旅止
盉。

字數:3
度量:通高 27.4 釐米,口徑 15.6 釐米
時代:商代後期
著録:《考古》1998 年 10 期 41 頁
出土:1995 年河南安陽市郭家莊東南 26 號墓 M26:16
現藏:中國社會科學院考古研究所安陽工作隊

745 東父壬觚

東。父壬。

字數：3
度量：通高 37 釐米
時代：商代後期
著録：富士比（1977，7，5：21）
流傳：英國倫敦富士比拍賣行

746 大父癸觚

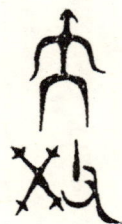

大。
父
癸。

字數：3
度量：通高 27.3 釐米
時代：商代後期
著録：富士比（1946,6,7:91）
流傳：英國倫敦富士比拍賣行

747 史母癸觚

現藏:山東泗水縣文化館

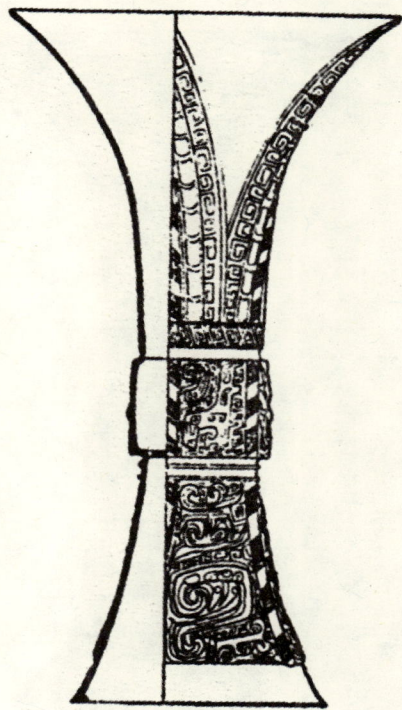

母
癸。

史。

字數:3
度量:通高 25 釐米,口徑 23.5 釐米
時代:商代後期
著錄:《考古》1986 年 12 期 139 頁
出土:1975 年冬山東泗水縣張莊公社墓葬
現藏:山東泗水縣文化館

748 亞豕馬觚

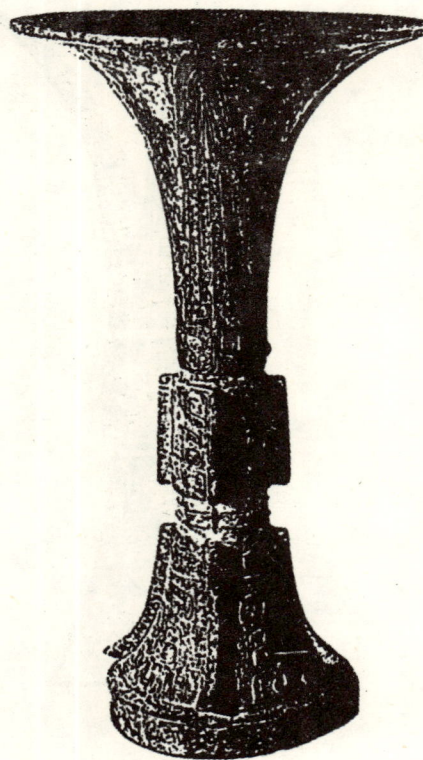

亞豕馬。

字數:3

度量:通高 30 釐米

時代:商代後期

著録:富士比(1973,6,26:2)

流傳:L. Hambleton 小姐舊藏;1935,
　　　1936 年倫敦國際中國藝術展:20;
　　　英國倫敦富士比拍賣行

749 亞木守觚

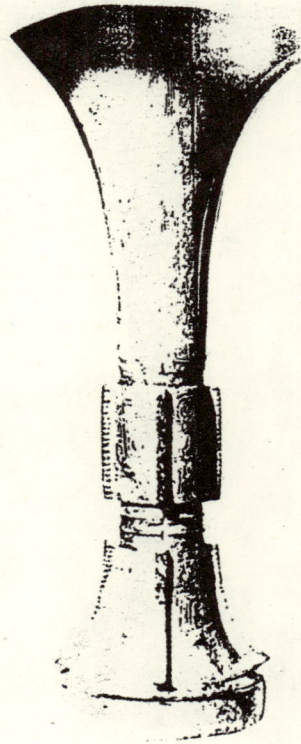

亞木守。

字數:3
時代:商代後期
著録:佳士得(1981,12,16:314)
流傳:英國倫敦佳士得拍賣行

750 亞干示觚

流傳：A.Holman 爵士舊藏；英國倫敦富士比拍賣行

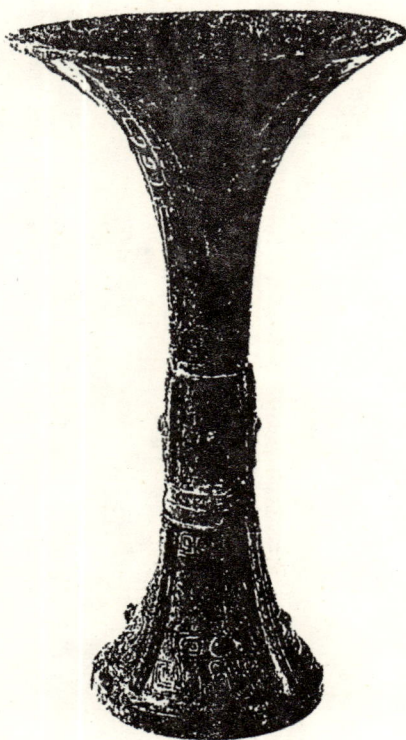

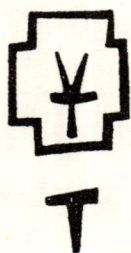

亞干示。

字數：3
度量：通高 27.7 釐米
時代：商代後期
著錄：富士比（1965,11,1:45）
流傳：A.Holman 爵士舊藏；英國倫敦富士比拍賣行

751 羊建父丁觚

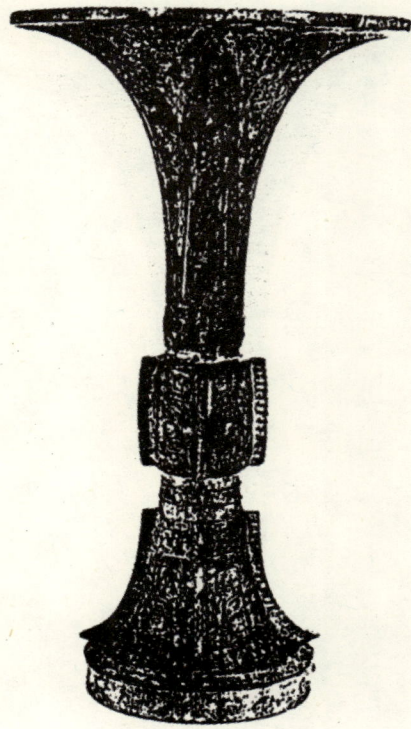

父丁。
羊建。

字數:4
度量:通高 31 釐米
時代:商代後期
著録:富士比(1972,3,14:9)
流傳:英國倫敦富士比拍賣行

752 八冊父庚觚

八
冊。
父
庚。

字數:4
度量:通高 26 釐米
時代:商代後期
著録:富士比(1965,5,11:101)
流傳:英國倫敦富士比拍賣行

753 共冊父庚觚

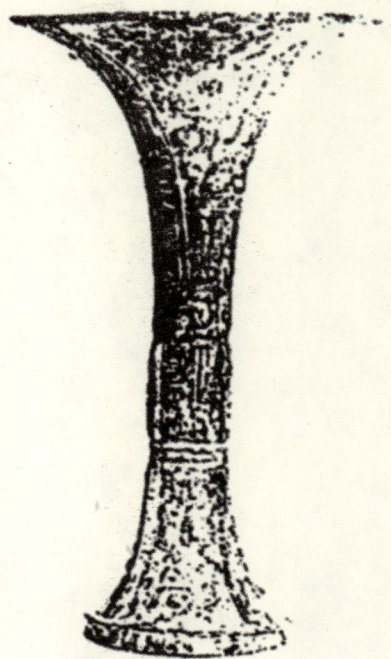

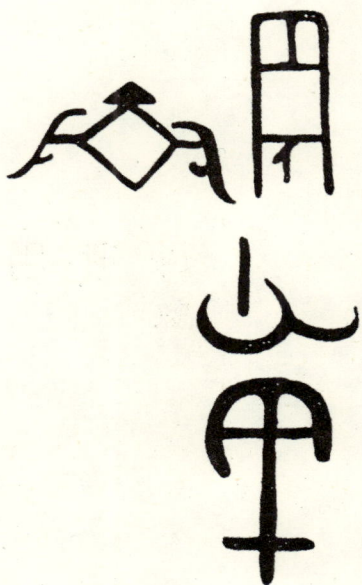

共。冊。父庚。

字數:4
度量:通高 28.7 釐米
時代:商代後期
著録:富士比(1975,3,25:148)
流傳:英國倫敦富士比拍賣行

754 用遣母觚

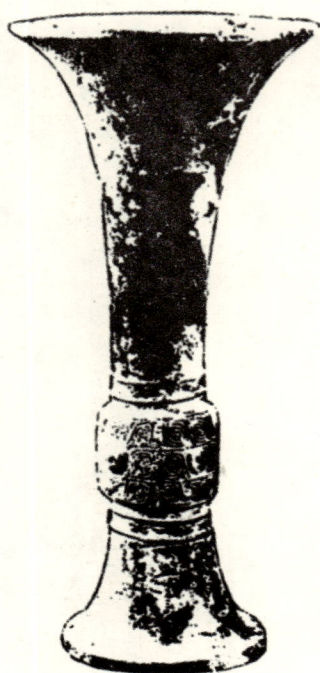

用 遣 母
靈。

字數:4
時代:西周早期
著錄:《中央研究院歷史語言研究所集刊》
　　　第七十本第三分(抽印本)762—774 頁
備注:1997 年春在香港發現,同出六件器

755 否觚

否用遣
母
霝。

字數:5
時代:西周早期
著録:《中央研究院歷史語言研究所集刊》
　　第七十本第三分(抽印本)762—774頁
備注:1997年春在香港發現,同出六件器

756 子不觚

燕何。祖癸。
子不。

字數：6
度量：通高 32 釐米，口徑 17.5 釐米
時代：商代後期
著錄：《考古與文物》1996 年 6 期 74—77 頁
現藏：河南南陽市博物館

757 無昌觚

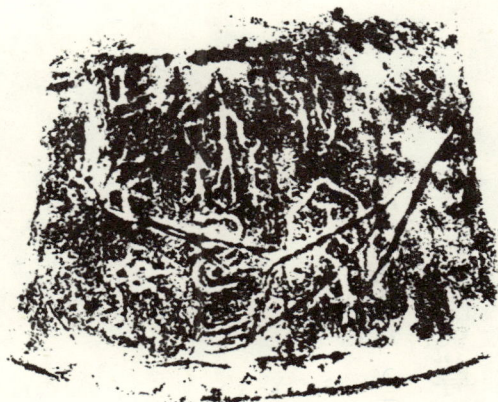

戌宮。
無昌
作祖戊彝。

字數：8
度量：通高 22.1 釐米
時代：商代後期
著録：《考古與文物》1998 年 4 期 95—96 頁
流傳：1980 年山東桓臺縣村民捐獻
現藏：山東濟南市博物館

758 晨觚

晨肇貯用
作父乙寶尊
彝。即冊。

字數：12
度量：通高 28.5 釐米，口徑 16.6 釐米
時代：西周早期
著録：《考古》1989 年 1 期 10—18 頁
出土：1986 年 8 月河南信陽縣溮河港鄉溮河灘
現藏：河南信陽市文物管理委員會

九、 爵角類

759 弓爻爵

　　　　　弓爻。

字數:1
度量:通高 18.4 釐米
時代:商代後期
著録:《考古學報》1986 年 2 期 161—172 頁
出土:1979—1980 年河南羅山縣蟒張鄉
　　　天湖村墓葬 M5:4
現藏:河南羅山縣文化館

760 戜爵

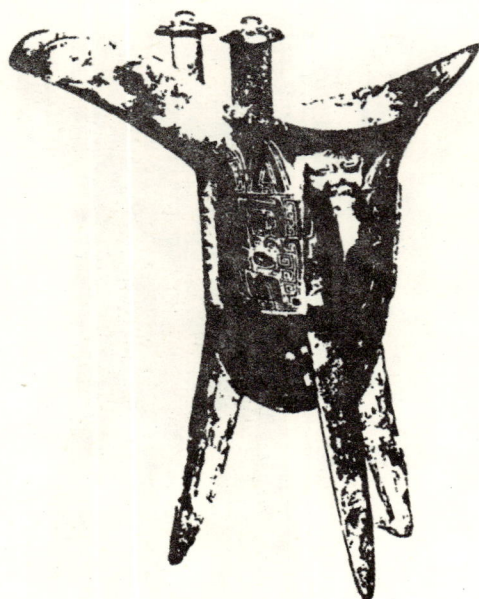

戜。

字數:1
度量:通高 18.5 釐米
時代:商代後期
著錄:佳士得(1981,7,15:211)
流傳:英國倫敦佳士得拍賣行

761 須爵

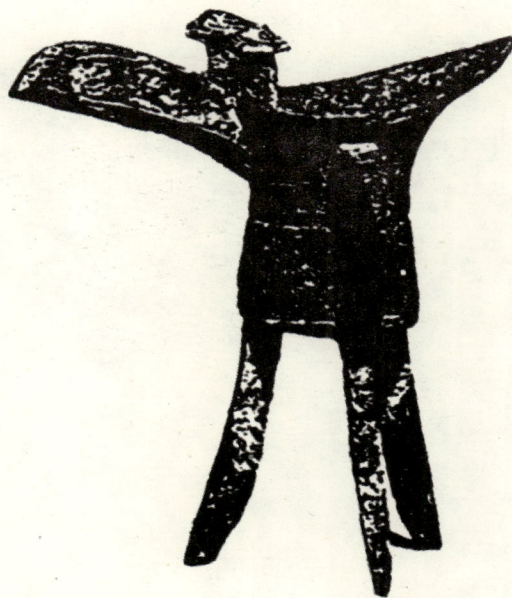

 須。

字數：1
時代：西周早期
著録：佳士得（1981，7，15：9）
流傳：英國倫敦佳士得拍賣行

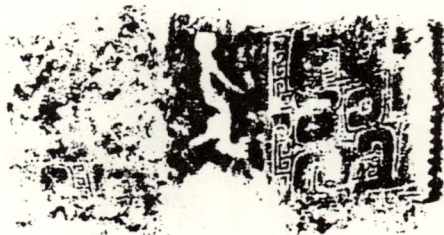

企。

字數:1
時代:商代後期
著録:《考古與文物》1996 年 6 期 74—77 頁
現藏:河南南陽市博物館

叨。

字數：1
度量：通高 18.3 釐米
時代：商代後期
著錄：富士比（1977，3，29：172）
流傳：英國倫敦富士比拍賣行

764 杏爵

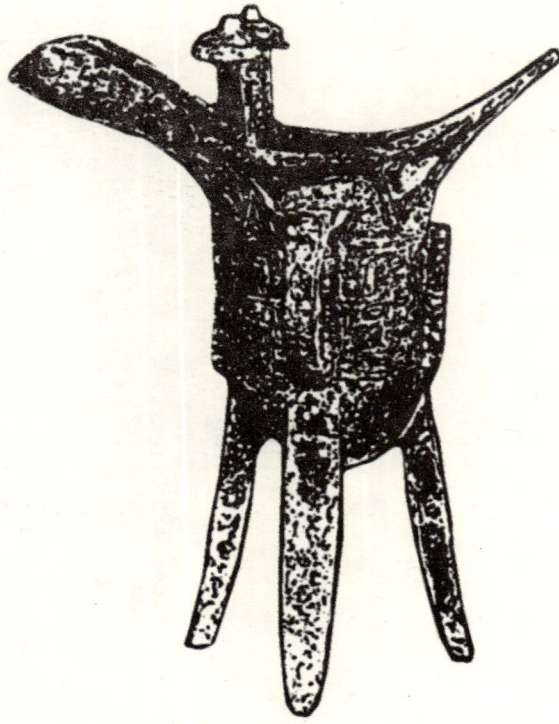

杏。

字數：1
度量：通高 18.3 釐米
時代：商代後期
著錄：富士比（1994,6,7:1）
流傳：Carson 夫婦舊藏；英國倫敦富士比拍賣行

763 刞爵

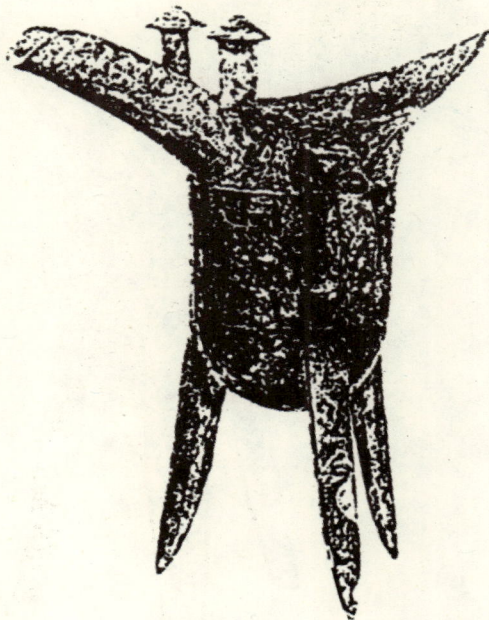

刞。

字數:1
度量:通高 18.3 釐米
時代:商代後期
著錄:富士比(1977,3,29:172)
流傳:英國倫敦富士比拍賣行

764 杏爵

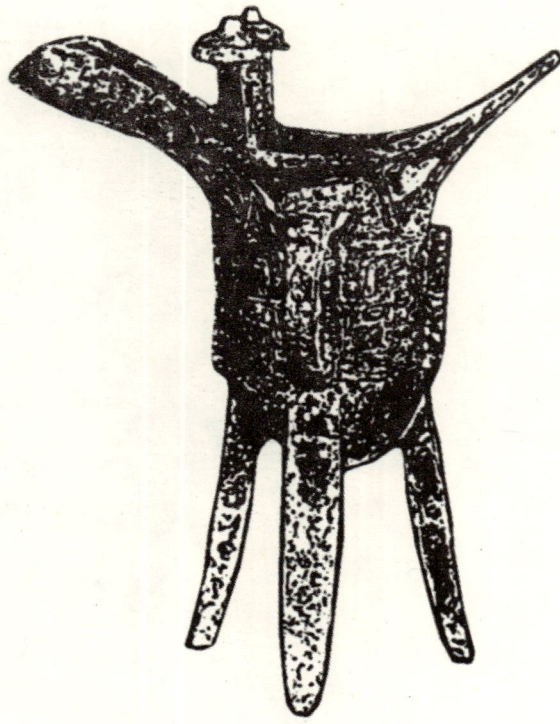

杏。

字數：1
度量：通高 18.3 釐米
時代：商代後期
著錄：富士比(1994,6,7:1)
流傳：Carson 夫婦舊藏；英國倫敦富士比拍賣行

765 旅爵

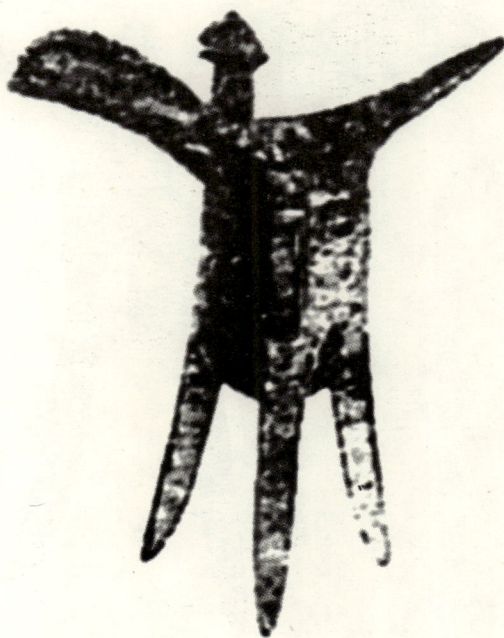

旅。

字數:1
度量:通高 20.5 釐米
時代:商代後期
著録:《考古與文物》1996 年 6 期 74—77 頁
現藏:河南南陽市博物館

766 目爵

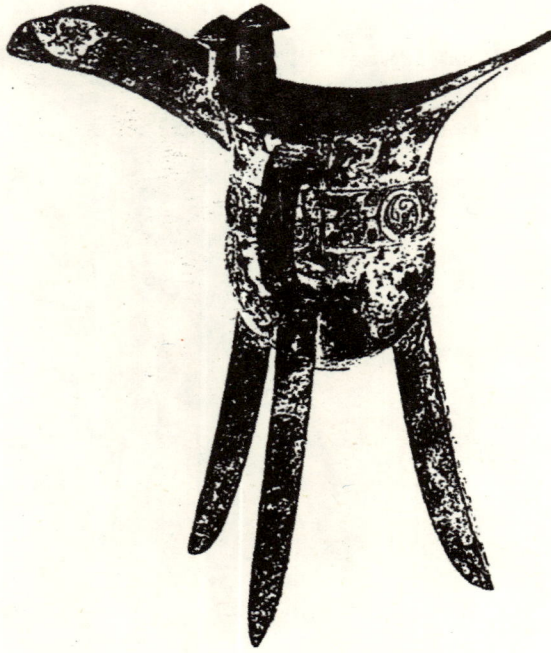

目。

字數:1
度量:通高 19.9 釐米
時代:西周早期
著録:富士比(1972,5,23:9)
流傳:英國倫敦富士比拍賣行

767 臤爵

臤。

字數：1
度量：通高 21.6 釐米
時代：西周中期
著錄：《考古與文物》1990 年 5 期 26—43 頁
出土：1980 年陝西長安縣馬王鎮三大隊
現藏：陝西西安市文物中心

768 執爵

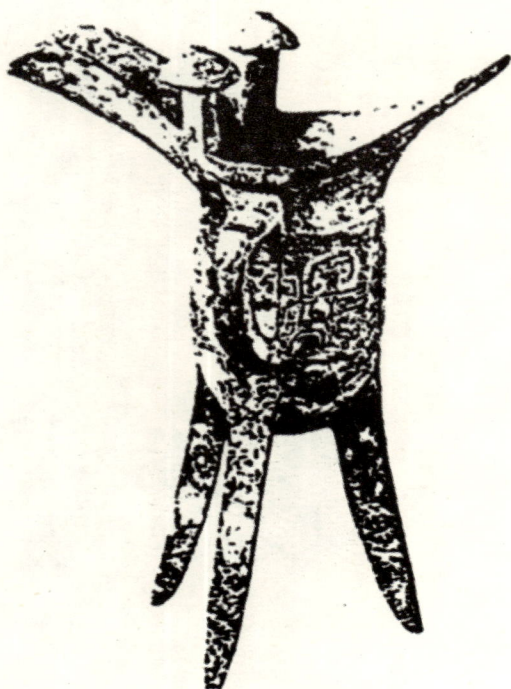

   執。

字數：1
度量：通高 20 釐米
時代：西周早期
著録：富士比（1958，6，24：88）
流傳：英國倫敦富士比拍賣行

769 涉爵

涉。

字數：1
時代：商代後期
著録：《考古學報》1986 年 2 期 161—172 頁
出土：1979—1980 年河南羅山縣蟒張鄉
　　　天湖村墓葬 M23：4
現藏：河南羅山縣文化館

770 榃爵

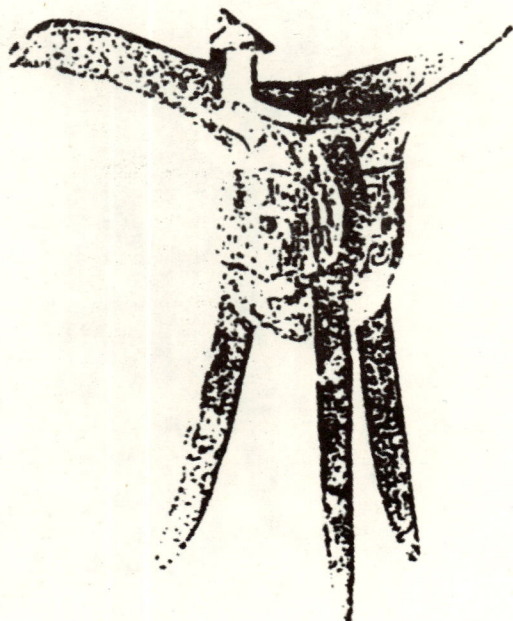

字數：1
度量：通高 19.7 釐米
時代：西周早期
著錄：富士比(1984,12,11:11)
流傳：英國倫敦富士比拍賣行

771 象爵

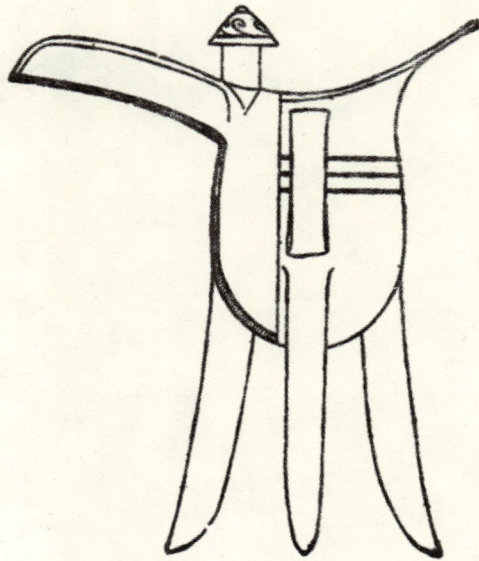

象。

字數:1
度量:通高 22.3 釐米,重 0.95 千克
時代:商代後期
著録:《考古》1986 年 12 期 1068 頁
出土:1983 年河南安陽市薛家莊墓葬 M3:27
現藏:中國社會科學院考古研究所安陽工作隊

772 融爵

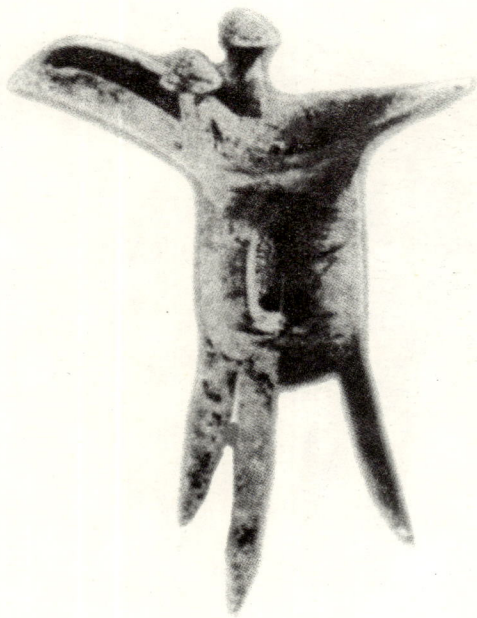

融。

字數：1
度量：通高 21 釐米
時代：商代後期
著録：《海岱考古》第一輯 256—266 頁
出土：1986 年春山東青州市蘇埠屯墓葬 M8∶6
現藏：山東青州市博物館
備注：另有三件與該器同銘

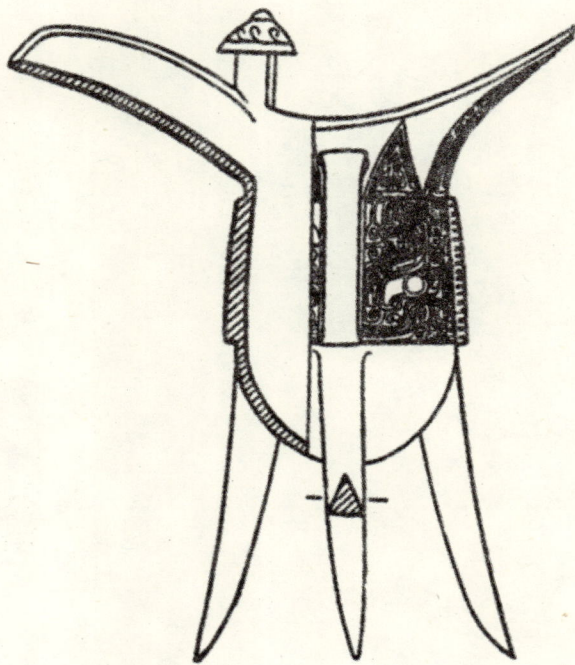

乘。

字數：1
度量：通高 19.7 釐米，重 0.75 千克
時代：商代後期
著錄：《考古》1988 年 10 期 867—868 頁
出土：1983 年 6—10 月河南安陽市大司空村墓葬 M663：49
現藏：中國社會科學院考古研究所安陽工作隊

字數:1
度量:通高 15.8 釐米
時代:商代後期
著錄:《考古》1991 年 2 期 132—134 頁
出土:1987 年 8—12 月河南安陽市梅園莊南地墓葬 M59:1
現藏:河南安陽市文物工作隊

775 戈爵

戈。

字數：1
度量：通高 20.3 釐米
時代：西周早期
著録：《歐洲所藏中國青銅器遺珠》圖版 89
現藏：德國柏林東方藝術博物館

776 弍爵

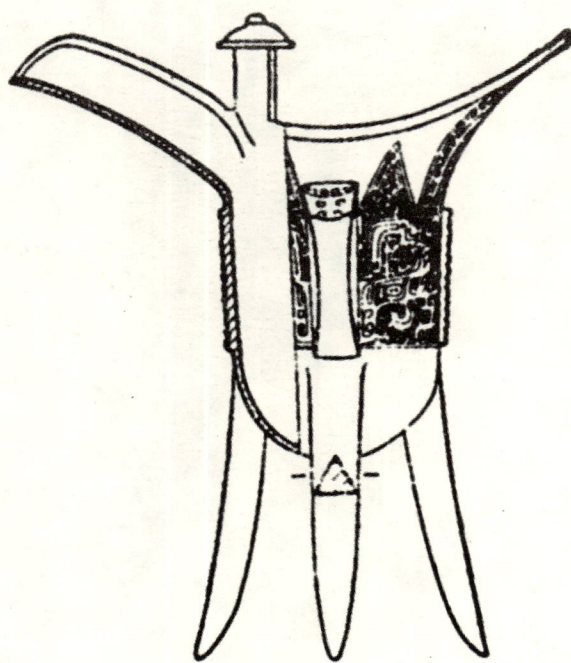

弍。

字數:1
度量:通高 18.8 釐米
時代:商代後期
著錄:《考古》1993 年 10 期 883—896 頁
出土:1991 年河南安陽市後岡墓葬 M21:3
現藏:中國社會科學院考古研究所安陽工作隊

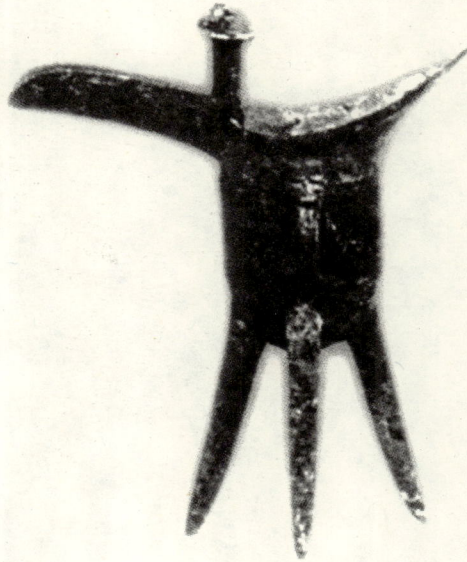

庚
丙。

字數：1
度量：通高 21.3 釐米
時代：商代後期
著錄：《海岱考古》第一輯 320—324 頁
現藏：山東濟南市博物館

778 ↑ 爵

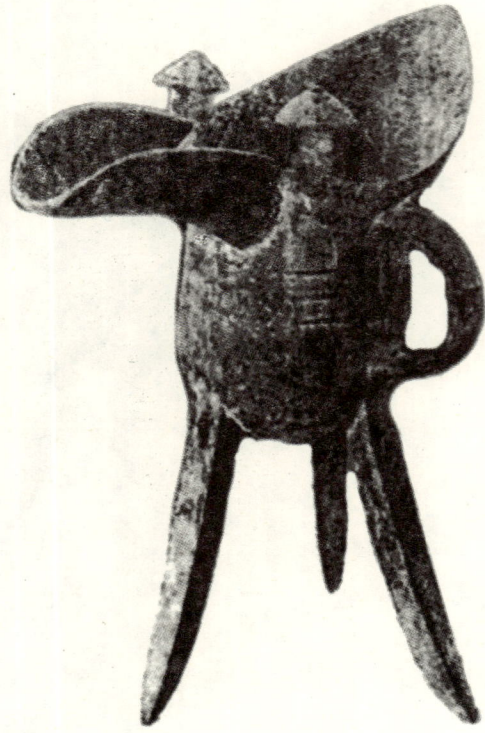

↑   ↑。

字數：1
度量：通高 19.1 釐米
時代：商代後期
出土：1980 年 11 月河南偃師縣山化鄉忠義村
現藏：河南偃師商城博物館

779 个爵

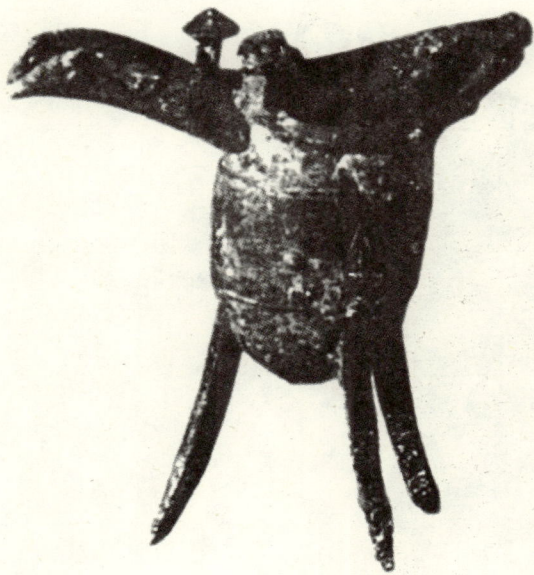 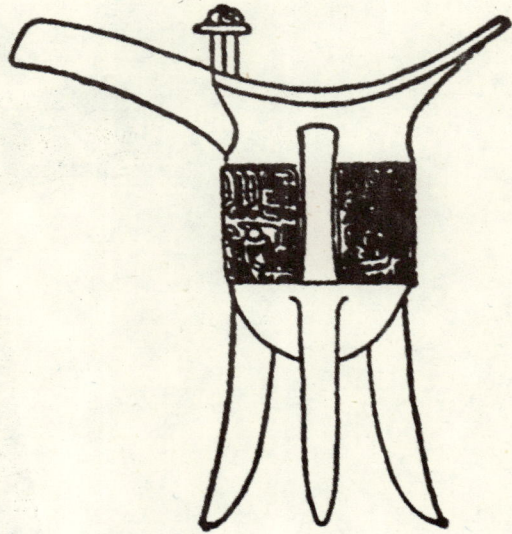

个。

字數：1
度量：通高 18 釐米
時代：商代後期
著録：《考古學報》1992 年 3 期 354—356 頁
出土：1960 年秋河北武安縣趙窑村墓葬 M10：4
現藏：河北省文物研究所

780 子爵

子。

字數:1
度量:通高 20 釐米
時代:商代後期
著録:富士比(1983,6,21:88)
流傳:英國倫敦富士比拍賣行

781 子爵

　　　　　　　子。

字數：1
度量：通高 18.5 釐米，重 0.65 千克
時代：商代後期
著録：《考古》1994 年 1 期 94 頁
出土：1991 年 10 月山東滕州市級索鎮第十一中學校園内
現藏：山東滕州市博物館

782 囝爵

囝。

字數：1
度量：通高 22 釐米
時代：商代後期
著録：富士比（1973,11,16：11）
流傳：英國倫敦富士比拍賣行

783 史爵

史。

字數：1
度量：通高 19.4 釐米
時代：商代後期
著録：《海岱考古》第一輯 320—324 頁
現藏：山東濟南市博物館

784 息爵

息。

字數：1
度量：通高 20 釐米
時代：商代後期
著録：《考古學報》1986 年 2 期 161—172 頁
出土：1979—1980 年河南羅山縣蟒張鄉天湖村墓葬 M11：2
現藏：河南羅山縣文化館

785 息爵

 息。

字數:1
度量:通高 18.8 釐米
時代:商代後期
著録:《考古學報》1986 年 2 期 161—172 頁
出土:1979—1980 年河南羅山縣蟒張鄉天湖村墓葬 M28:6
現藏:河南羅山縣文化館

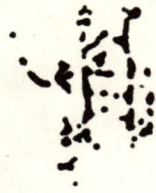

786 息爵

息。

字數:1
時代:商代後期
著録:《考古學報》1986 年 2 期 161—172 頁
出土:1979—1980 年河南羅山縣蟒張鄉天湖村墓葬 M6:5
現藏:河南羅山縣文化館

787 戲方爵

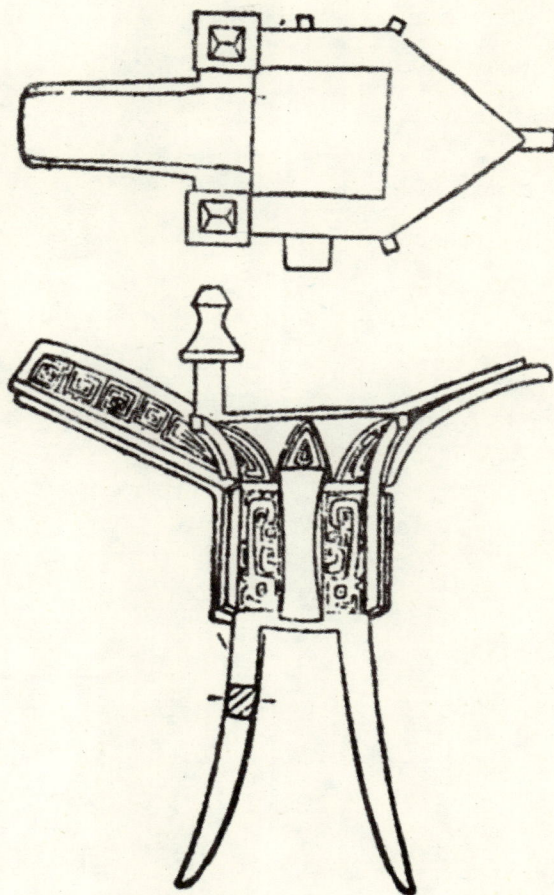

戲。

字數：1
度量：通高 17 釐米，口徑釐米，重千克
時代：商代後期
著録：《考古》1993 年 10 期 883—896 頁
出土：1991 年河南安陽市後崗墓葬 M9：10
現藏：中國社會科學院考古研究所安陽工作隊

788 戲方爵

戲。

字數:1
時代:商代後期
著錄:《考古》1993 年 10 期 883—896 頁
出土:1991 年河南安陽市後岡墓葬 M9:4
現藏:中國社會科學院考古研究所安陽工作隊

789 戲爵

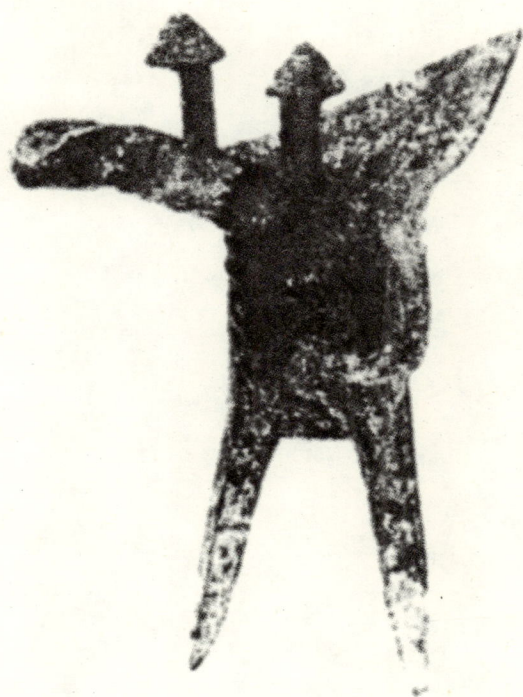 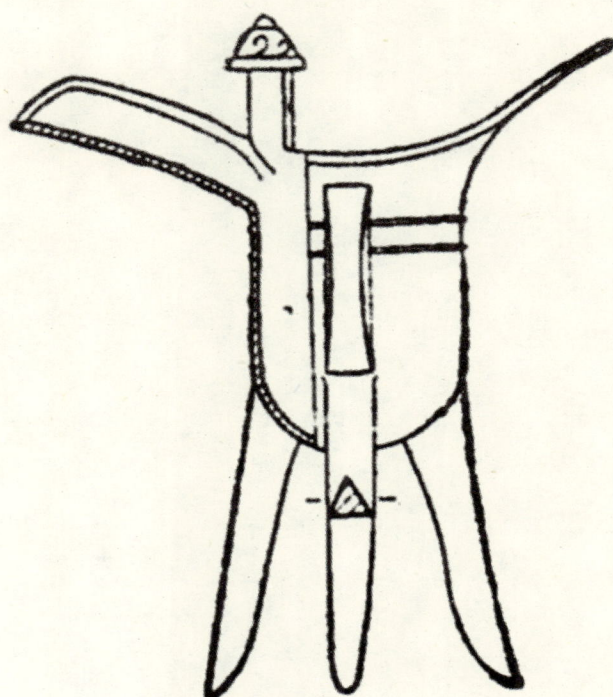

戲

字數：1
度量：通高 18.5 釐米
時代：商代後期
著録：《考古》1993 年 10 期 883—896 頁
出土：1991 年河南安陽市後岡墓葬 M9：11
現藏：中國社會科學院考古研究所安陽工作隊

790 生爵

生。

字數:1
度量:通高 19.3 釐米
時代:西周早期
著録:富士比(1984,12,11:22)
流傳:英國倫敦富士比拍賣行

791 ↑爵

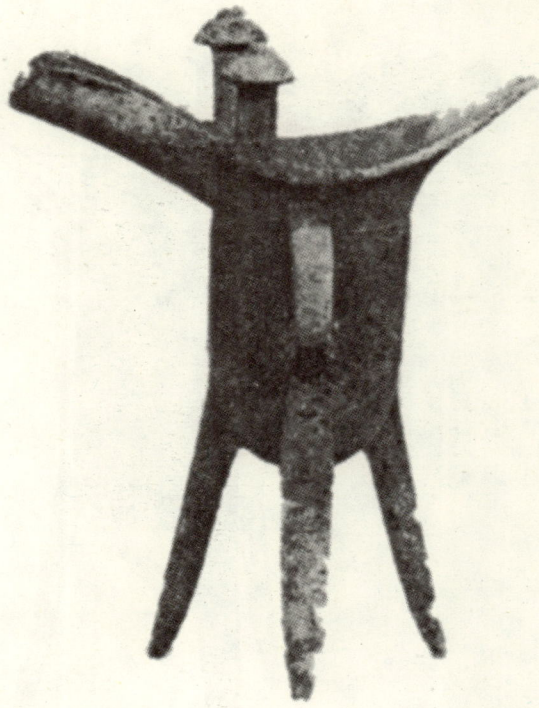

字數:1
度量:通高 19.6 釐米
時代:商代後期
著錄:《海岱考古》第一輯 320—324 頁
現藏:山東濟南市博物館

792 壬爵

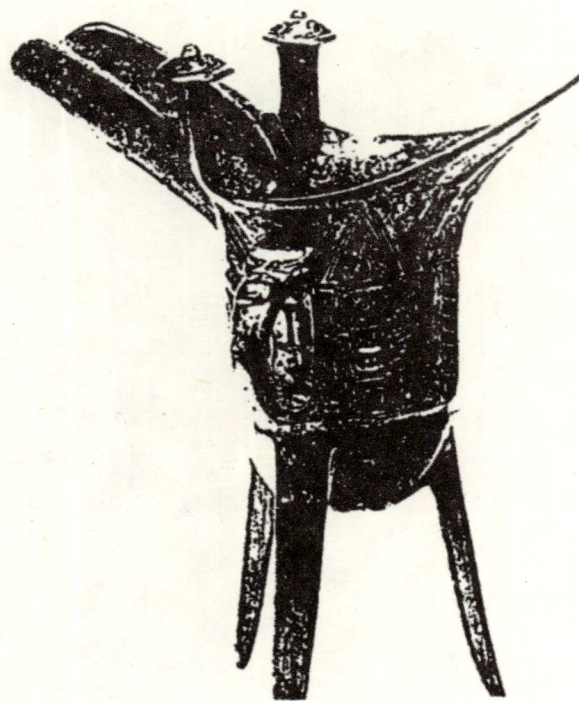

工   壬。

字數：1
度量：通高 17.9 釐米
時代：西周早期
著錄：富士比（1970,7,14:90）
流傳：英國倫敦富士比拍賣行

793 宁爵

宁。

字數：1
時代：商代後期
著録：《考古學報》1986 年 2 期 161—172 頁
出土：1979—1980 年河南羅山縣蟒張鄉天湖村墓葬 M15：3
現藏：河南羅山縣文化館

794 春爵

昆　　　　　　　　　　　春。

字數:1
度量:通高 19.3 釐米
時代:西周早期
著録:富士比(1970,5,12:12)
流傳:英國倫敦富士比拍賣行

795 莒爵

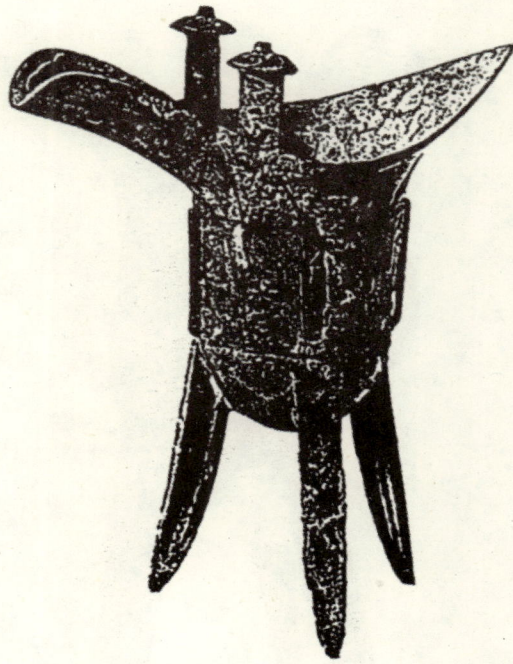

字數：1
度量：通高 19.3 釐米
時代：西周早期
著錄：富士比（1973，11，16：9）
流傳：英國倫敦富士比拍賣行

796 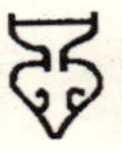爵

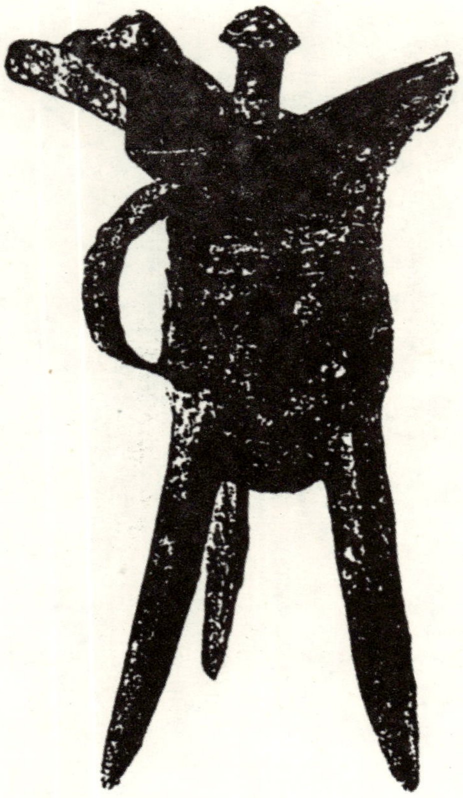

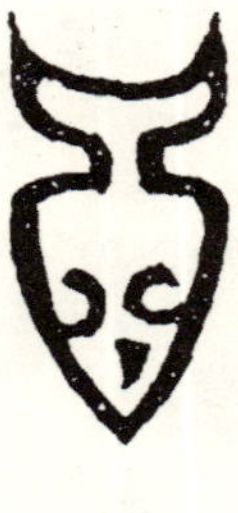

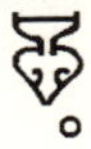。

字數:1
度量:通高 16.8 釐米
時代:商代後期
著録:富士比(1970,12,15:15)
流傳:英國倫敦富士比拍賣行

797 冉爵

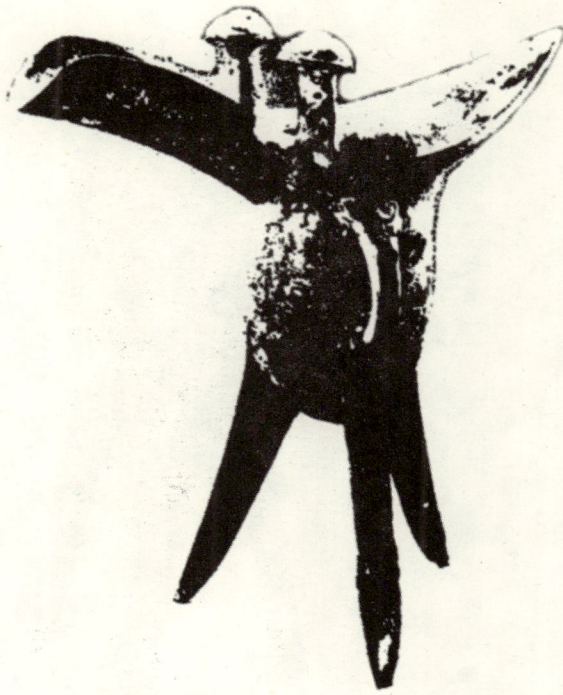

字數:1
度量:通高 20.3 釐米,重 0.7 千克
時代:西周早期
著録:《寶鷄強國墓地》(上)179 頁
出土:陝西寶鷄市竹園溝 8 號墓 M8:3
現藏:陝西寶鷄市博物館

798 入爵

字數:1
度量:通高 20.2 釐米
時代:商代後期
著録:《海岱考古》第一輯 320—324 頁
現藏:山東濟南市博物館

799 亞爵

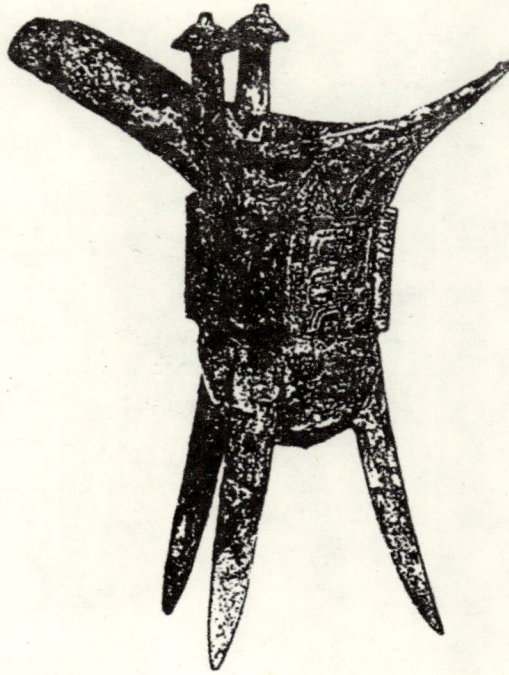

字數:1
度量:通高 19.7 釐米
時代:商代後期
著錄:富士比(1975,7,8:13)
流傳:英國倫敦富士比拍賣行

267

800 𠨰爵

字數:1
度量:通高 18.6 釐米
時代:商代後期
著録:《海岱考古》第一輯 320—324 頁
現藏:山東濟南市博物館

801 爵

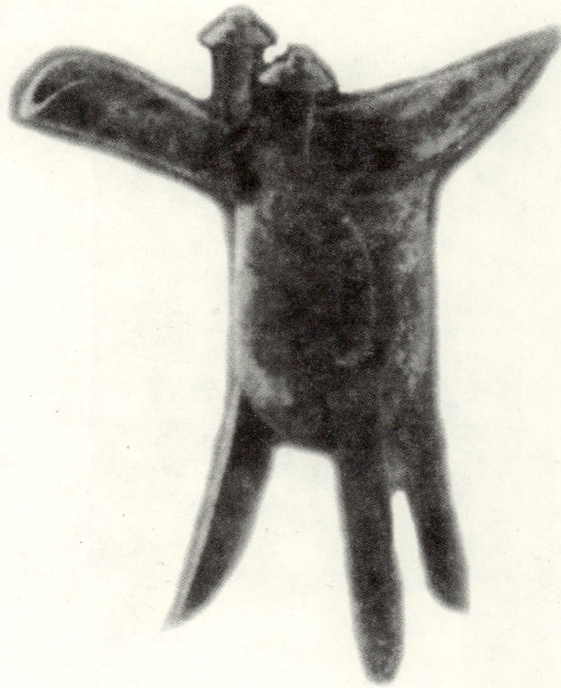

字數:1
度量:通高 20.3 釐米
時代:商代後期
著錄:《文物》1986 年 11 期 14 頁
出土:1985 年 1 月山西靈石縣旌介村墓葬 M2:35
現藏:山西靈石縣文化局

802 囚爵

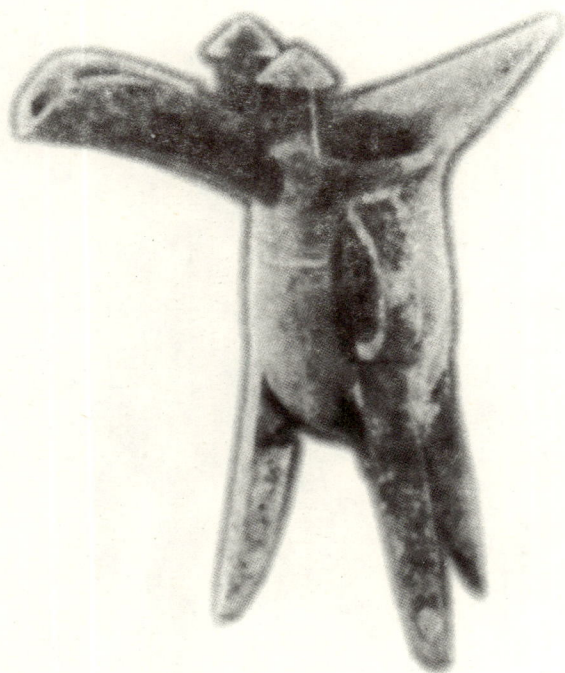

字數:1
度量:通高 18.6 釐米
時代:商代後期
著録:《文物》1986 年 11 期 14 頁
出土:1985 年 1 月山西靈石縣㫰介村墓葬 M2:42
現藏:山西靈石縣文化局

803 卩 爵

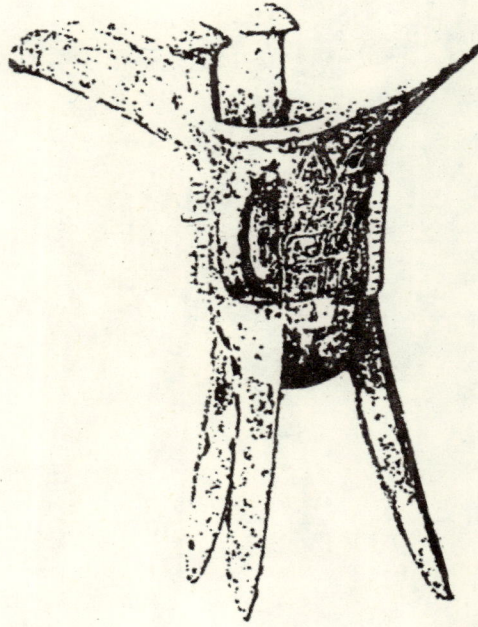

字數：1
度量：通高 19.5 釐米
時代：商代後期
著錄：富士比(1991,12,10:8)
流傳：英國倫敦富士比拍賣行

804 中爵

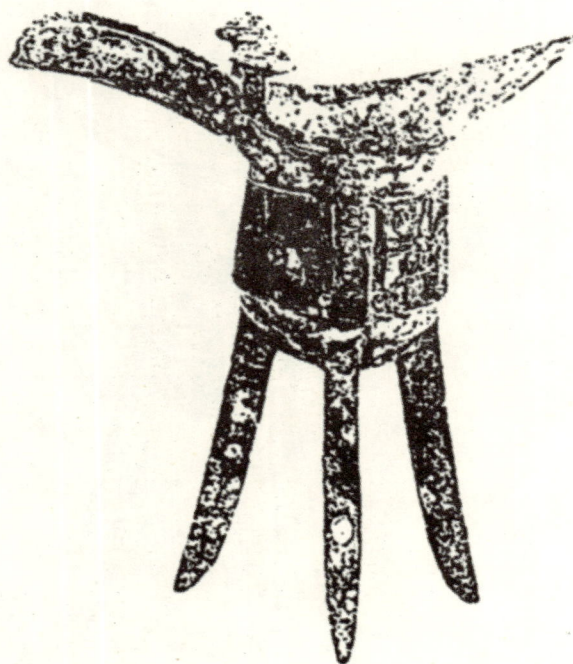

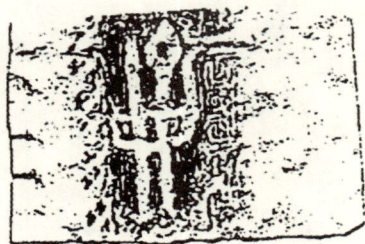

字數:1
度量:通高 19.3 釐米
時代:西周早期
著録:富士比(1988,12,13:5)
流傳:英國倫敦富士比拍賣行

805 廾爵

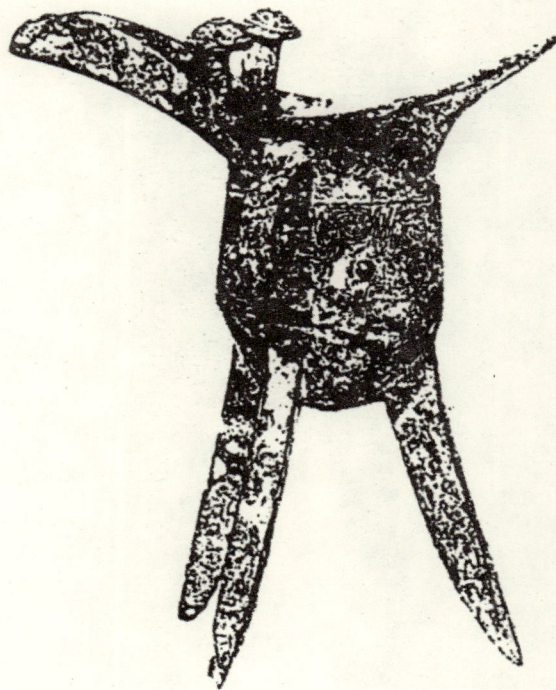

廾   廾。

字數：1
度量：通高 19.7 釐米
時代：西周早期
著録：富士比（1977,3,29:168）
流傳：F.Luboshez 舊藏；英國倫敦富士比拍賣行

806 祖丁爵

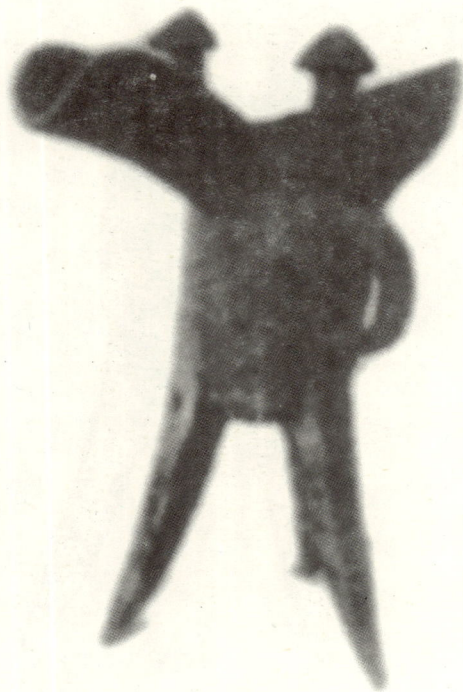

祖
丁。

字數：2
度量：通高 21 釐米
時代：西周早期
著録：《考古與文物》1990 年 5 期 26—43 頁
出土：陝西長安縣灃西鄉
現藏：陝西西安市文物中心

807 祖辛爵

祖辛。

字數:2
度量:通高 20.3 釐米
時代:商代後期
著録:富士比(1965,10,19:61)
流傳:英國倫敦富士比拍賣行

父
乙。

字數:2
時代:商代後期
著録:《考古學報》1986 年 2 期 161—172 頁
出土:1979—1980 年河南羅山縣蟒張鄉天湖村墓葬 M41:6
現藏:河南羅山縣文化館

809 父乙爵

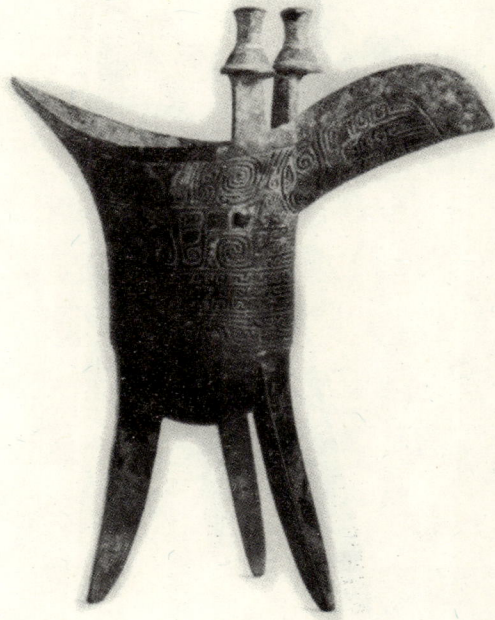

父乙。

字數：2
度量：通高 22.2 釐米
時代：西周早期
著錄：《歐洲所藏中國青銅器遺珠》圖版 88
流傳：英國倫敦埃斯肯納齊拍賣行

810 父己爵

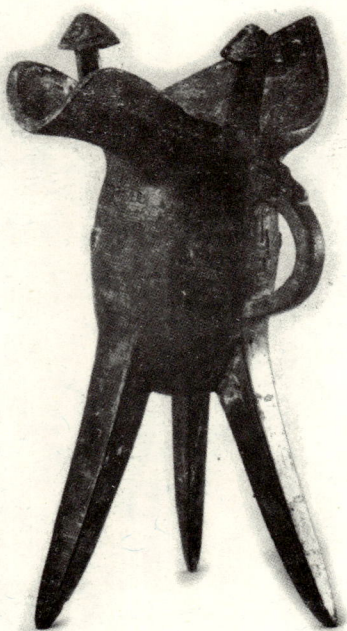

父己。

字數:2
度量:通高 22.2 釐米,重 0.95 千克
時代:西周早期
著録:《高家堡戈國墓》74 頁
出土:1991 年陝西涇陽縣興隆鄉高家堡 M4:2
現藏:陝西涇陽縣博物館

811 父己爵

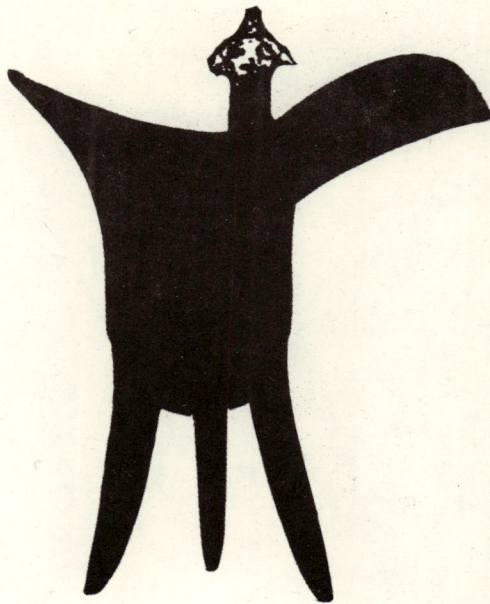

父己。

字數:2
度量:通高 21 釐米
時代:西周早期
著錄:佳士得(1988,12,1:137)
流傳:英國倫敦佳士得拍賣行

812 父己爵

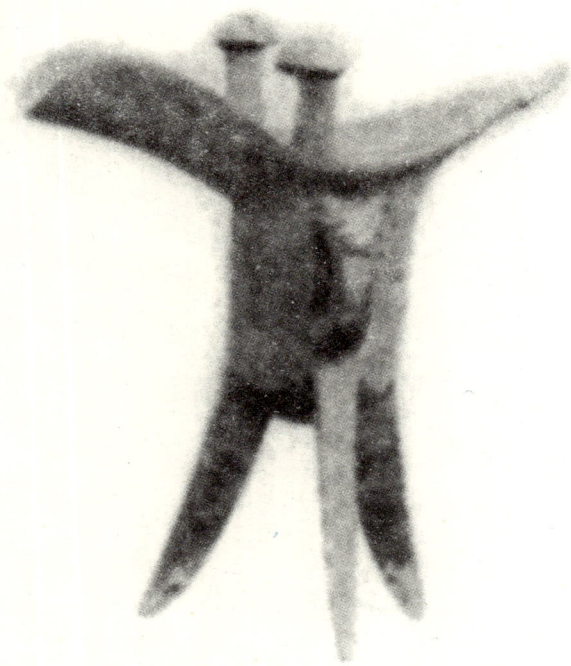

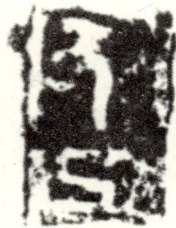 父
己。

字數:2
度量:通高 20.5 釐米,重 0.74 千克
時代:西周早期
著録:《考古》1997 年 7 期 66 頁
出土:1994 年 4 月山東青州市于家莊
現藏:山東青州市博物館

813 父己爵

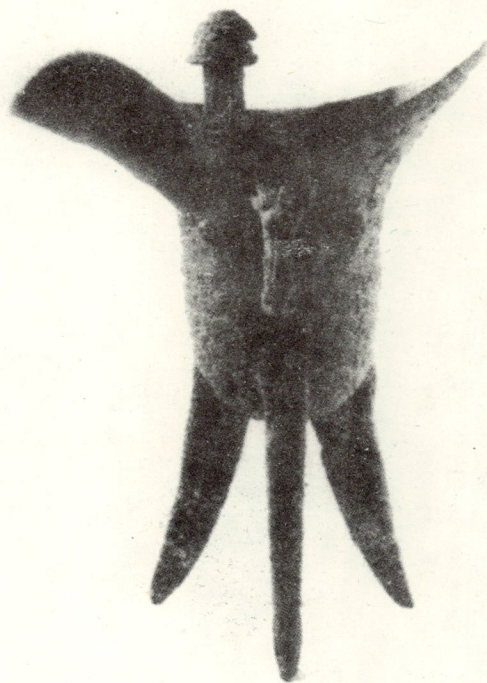

父己。

字數:2
度量:通高 21.3 釐米
時代:西周中期
著録:《考古》1989 年 6 期 524—525 頁
出土:1983—1986 年陝西長安縣張家坡村墓葬 M183:13
現藏:中國社會科學院考古研究所灃西發掘隊

814 母乙爵

現藏:山東泗水縣文化館

母
乙。

字數:2
度量:通高 21.2 釐米
時代:商代後期
著録:《考古》1986 年 12 期 1139 頁
出土:1975 年冬山東泗水縣張莊公社墓葬
現藏:山東泗水縣文化館

815 母癸爵

母
癸。

字數:2
度量:通高 21.2 釐米
時代:商代後期
著錄:《考古》1986 年 12 期 1139 頁
出土:1975 年冬山東泗水縣張莊公社墓葬
現藏:山東泗水縣文化館

816 母己爵

 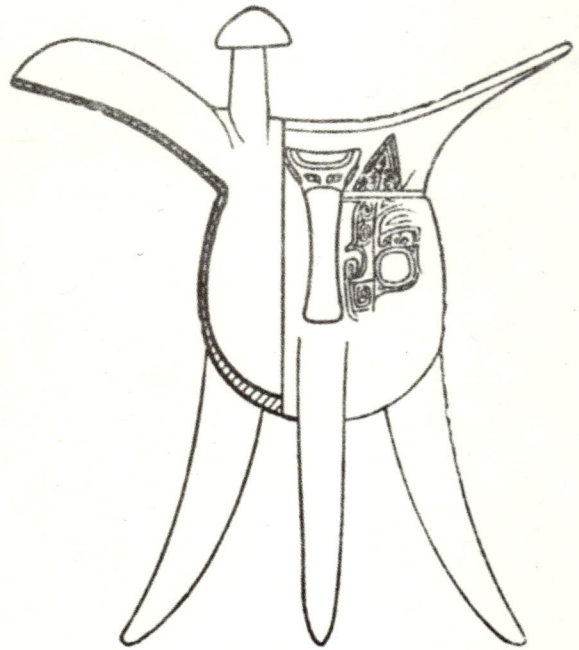

母
己。

字數:2
度量:通高 19 釐米,重 0.65 千克
時代:西周早期
著録:《琉璃河西周燕國墓地》170 頁
出土:1973—1977 年北京房山縣琉璃河 M65:7
現藏:北京市文物研究所

817 乙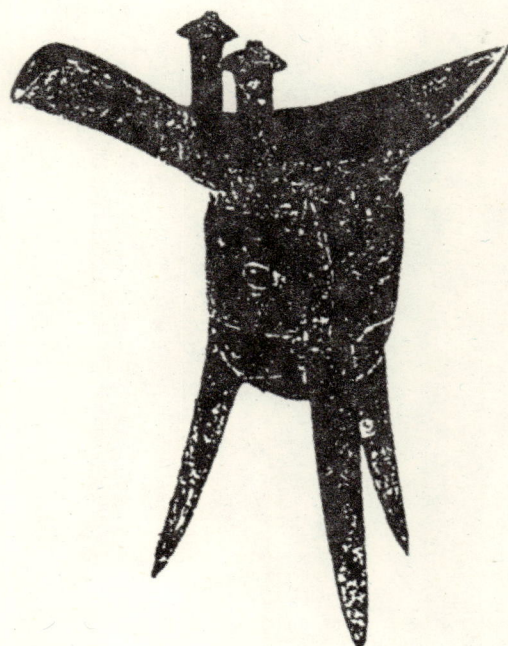爵

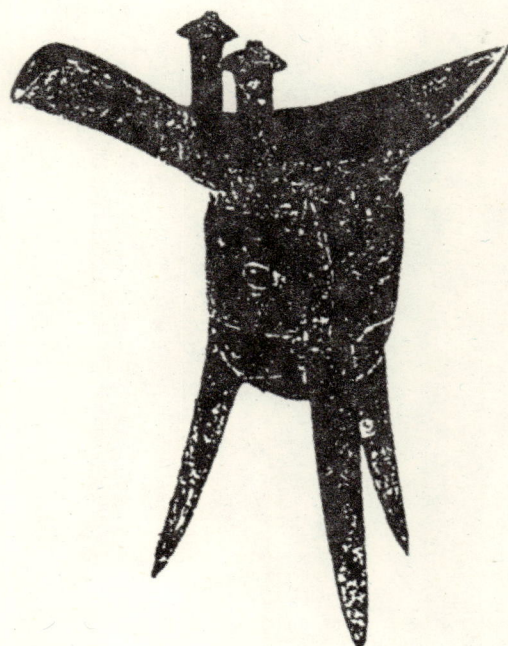

乙

字數:2
度量:通高 20 釐米
時代:商代後期
著録:富士比(1971,5,18:23)
流傳:英國倫敦富士比拍賣行

818 戈乙爵

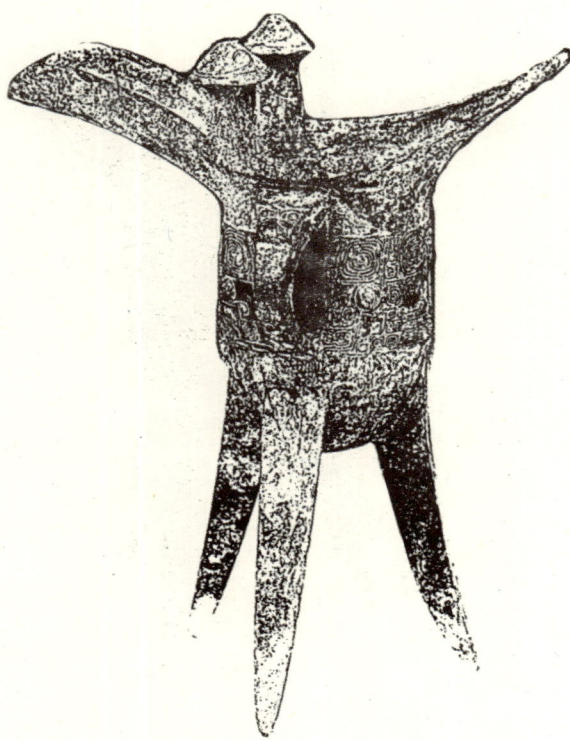

戈。
乙。

字數:2
度量:通高 20.5 釐米
時代:商代後期
著錄:佳士得(1990,12,10:4)
流傳:英國倫敦佳士得拍賣行

819 豕乙爵

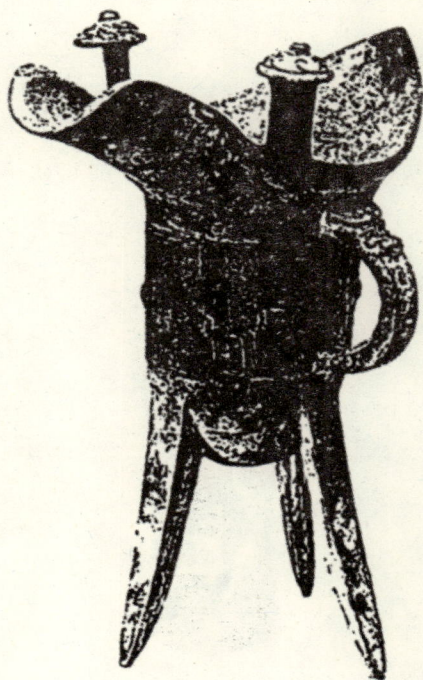

豕。
乙。

字數:2
度量:通高 18.5 釐米
時代:商代後期
著錄:佳士得(1987,12,10:4)
流傳:英國倫敦佳士得拍賣行

820 豕乙爵

豕。

乙。

字數:2
度量:通高 19.1 釐米
時代:商代後期
著録:《中原文物》1988 年 1 期 15—19 頁
出土:1985 年 5 月河南羅山縣蟒張鄉後李村墓葬 M44:7
現藏:河南羅山縣文物管理委員會

821 天乙爵

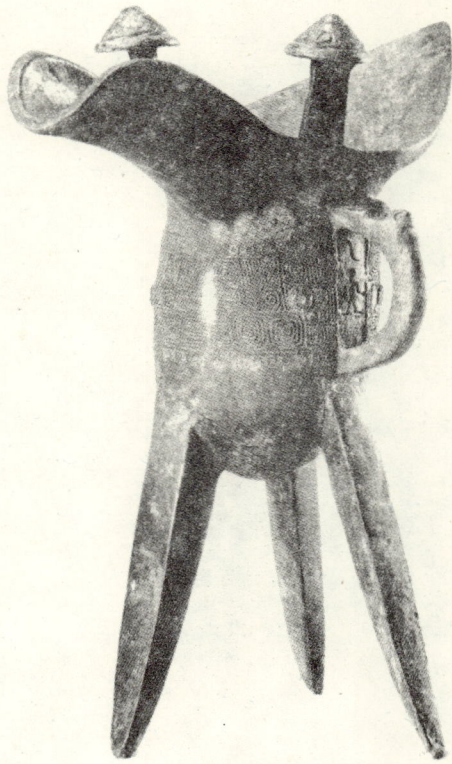

乙。
天。

字數:2
度量:通高 21.4 釐米,重 0.85 千克
時代:西周早期
著録:《高家堡戈國墓》74 頁
出土:1991 年陝西涇陽縣興隆鄉高家堡 M4:1
現藏:陝西涇陽縣博物館

822 息己爵

息。
己。

字數：2
度量：通高 18.5 釐米
時代：商代後期
著錄：《考古學報》1986 年 2 期 161—172 頁
出土：1979—1980 年河南羅山縣蟒張鄉
　　　天湖村墓葬 M12:4
現藏：河南羅山縣文化館

823 息庚爵

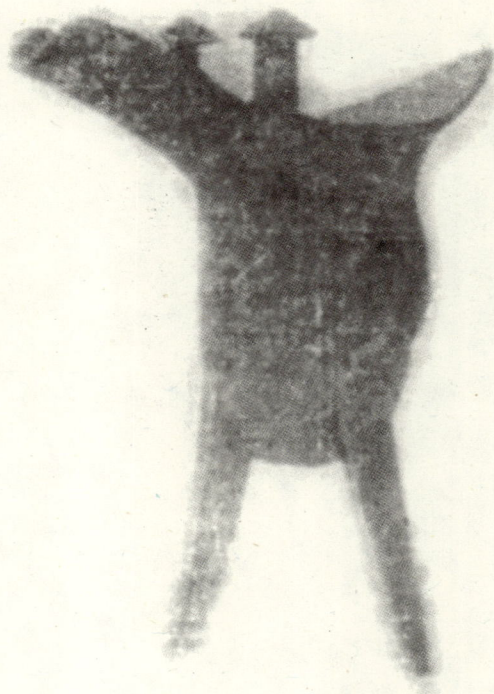

息。庚。

字數:2
度量:通高 16.5 釐米
時代:商代後期
著録:《中原文物》1988 年 1 期 15—19 頁
出土:1985 年 5 月河南羅山縣蟒張鄉
　　　後李村墓葬 M45:5
現藏:河南羅山縣文物管理委員會

824 息辛爵

辛。
息。

字數：2
度量：通高 20 釐米
時代：商代後期
著錄：《考古學報》1986 年 2 期 161—172 頁
出土：1979—1980 年河南羅山縣蟒張鄉
　　　天湖村墓葬 M8：3
現藏：河南羅山縣文化館

825 息辛爵

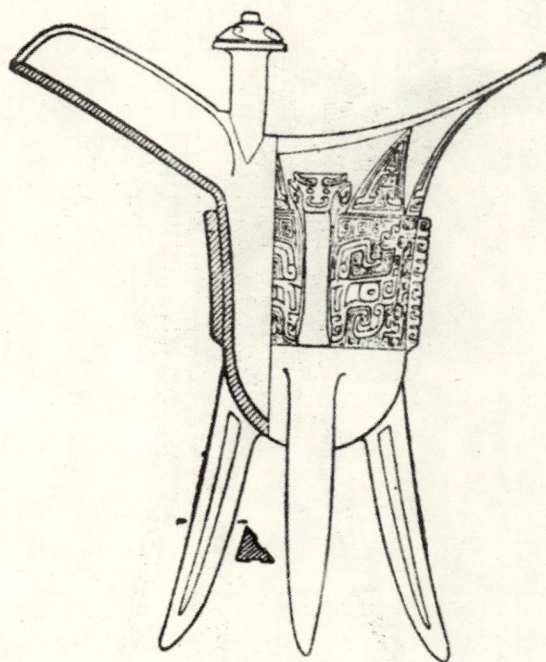

辛。
息。

字數:2
度量:通高 20 釐米
時代:商代後期
著録:《考古學報》1986 年 2 期 161—172 頁
出土:1979—1980 年河南羅山縣蟒張鄉
　　　天湖村墓葬 M8:2
現藏:河南羅山縣文化館

826 龍攴癸爵

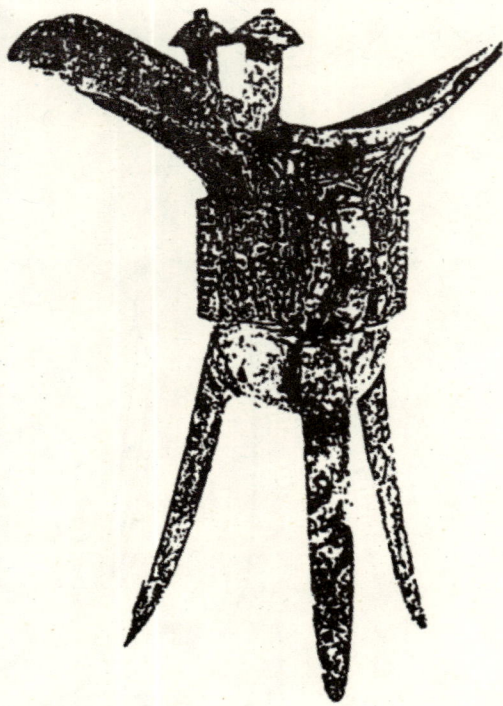

癸。攴癸。

字數:2
度量:通高 20.9 釐米
時代:商代後期
著錄:富士比(1974,12,2:3)
流傳:Natanaél Wessén
舊藏;英國倫敦富士比拍賣行

827 亞醜爵

字數:2
度量:通高 19.7 釐米
時代:商代後期
著錄:《海岱考古》第一輯 256—266 頁
出土:1986 年春山東青州市蘇埠屯墓葬 M7:7
現藏:山東青州市博物館

828 亞告爵

亞
告。

字數:2
度量:通高 19.5 釐米
時代:商代後期
著録:富士比(1973,3,15:415)
流傳:英國倫敦富士比拍賣行

829 亞臼爵

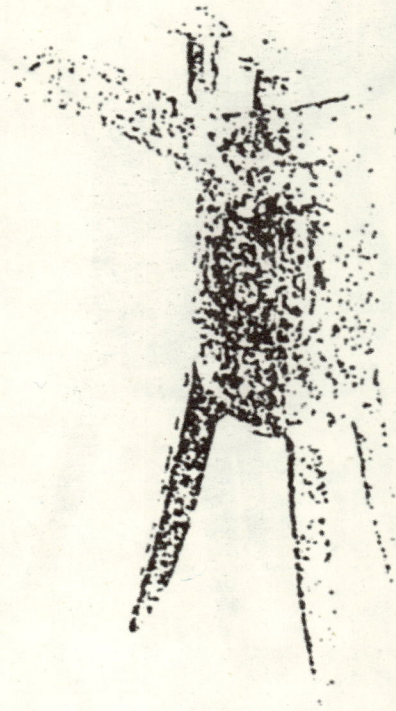

亞臼。

字數：2
度量：通高 20.7 釐米
時代：商代後期
著錄：富士比（1984,12,11:26）
流傳：英國倫敦富士比拍賣行

亞
受。

字數:2
度量:通高 17.7 釐米
時代:西周早期
著録:富士比(1973,3,15:418)
流傳:英國倫敦富士比拍賣行

831 𣂁亞爵

字數:2
度量:通高 20.3 釐米,口徑釐米,重千克
時代:西周早期
著録:富士比(1987,6,9:6)
流傳:英國倫敦富士比拍賣行

832 亞址角

亞
址。

字數：2
度量：通高 21 釐米，重 0.9 千克
時代：商代後期
著錄：《安陽殷墟郭家莊商代墓葬》101 頁
出土：河南安陽市殷墟郭家莊 M160：144
現藏：中國社會科學院考古研究所

833 亞址角

亞
址
。

字數:2
度量:通高 21.4 釐米,重 0.85 千克
時代:商代後期
著録:《安陽殷墟郭家莊商代墓葬》101 頁
出土:河南安陽殷莊 M160:153
現藏:中國社會科學院考古研究所

834 亞址角

現藏：中國社會科學院考古研究所

亞
址。

字數：2
度量：通高 20.8 釐米，口徑 0.9 釐米
時代：商代後期
著錄：《安陽殷墟郭家莊商代墓葬》101 頁
出土：河南安陽殷墟郭家莊 M160:151
現藏：中國社會科學院考古研究所

835 亞址角

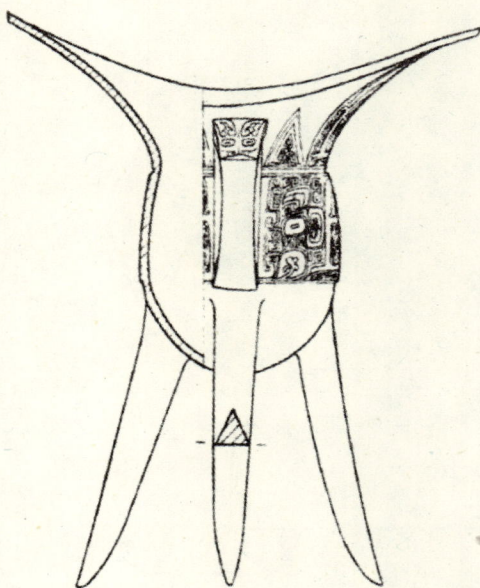

亞
址。

字數:2
度量:通高 21 釐米,重 0.85 千克
時代:商代後期
著錄:《安陽殷墟郭家莊商代墓葬》101 頁
出土:河南安陽市殷墟郭家莊 M160:146
現藏:中國社會科學院考古研究所

836 亞址角

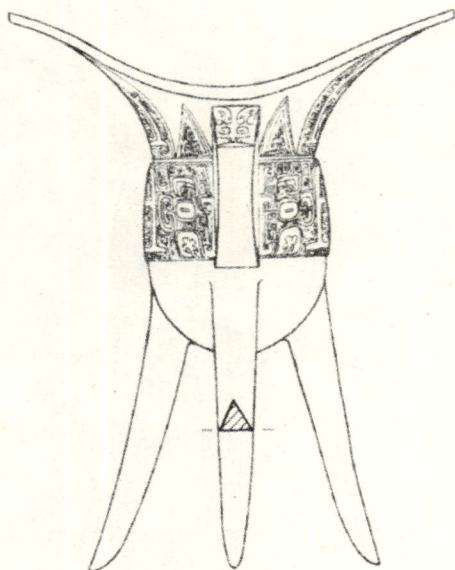

亞址。

字數:2
度量:通高 21.6 釐米,重 0.78 千克
時代:商代後期
著録:《安陽殷墟郭家莊商代墓葬》101 頁
出土:河南安陽殷墟郭家莊 M160:145
現藏:中國社會科學院考古研究所

837 亞址角

亞
址。

字數:2
度量:通高 21.3 釐米,重 0.9 千克
時代:商代後期
著録:《安陽殷墟郭家莊商代墓葬》101 頁
出土:河南安陽市殷墟郭家莊 M160:142
現藏:中國社會科學院考古研究所

838 亞址角

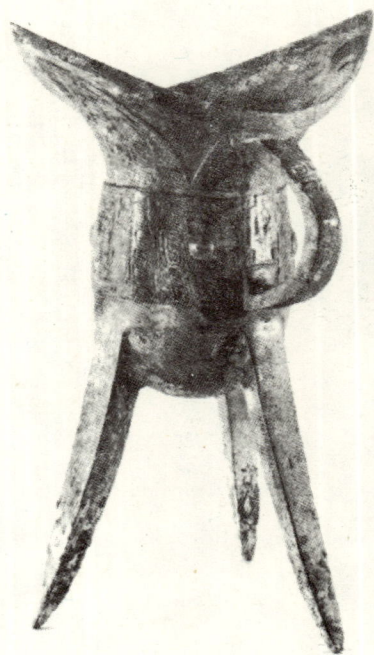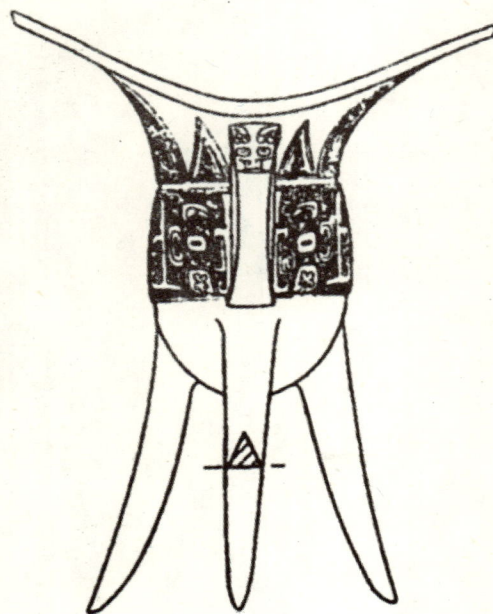

亞
址。

字數:2
度量:通高 21.6 釐米,重 0.8 千克
時代:商代後期
著録:《安陽殷墟郭家莊商代墓葬》101 頁
出土:河南安陽市殷墟郭家莊 M160:143
現藏:中國社會科學院考古研究所

839 亞址角

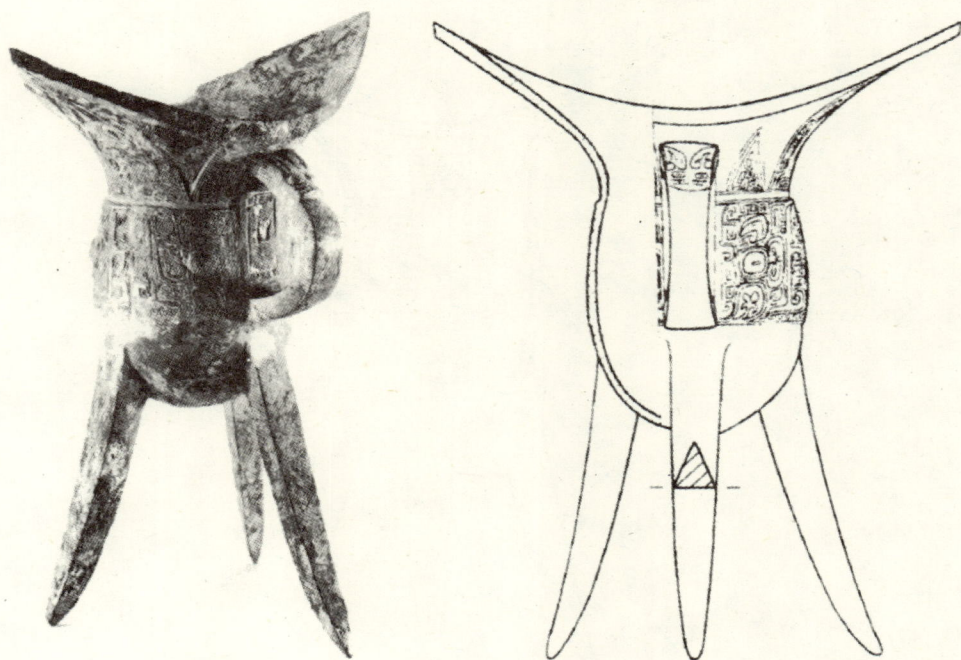

亞
址。

字數:2
度量:通高 21 釐米,重 0.88 千克
時代:商代後期
著録:《安陽殷墟郭家莊商代墓葬》101 頁
出土:河南安陽市殷墟郭家莊 M160:141
現藏:中國社會科學院考古研究所

840 亞址角

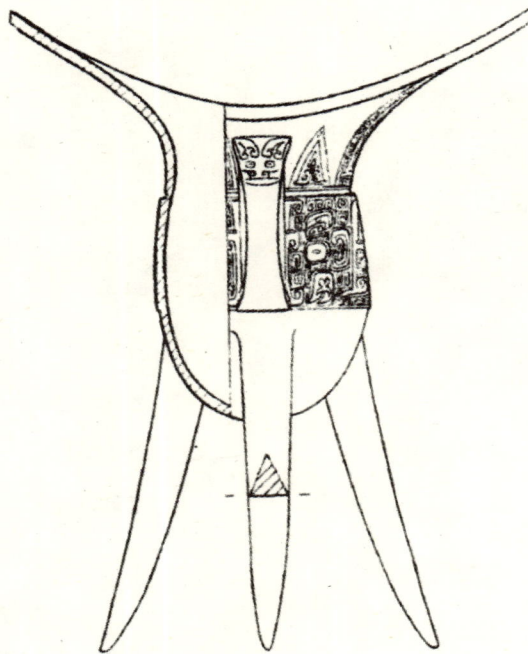

亞
址。

字數：2
度量：通高 21.4 釐米，重 0.75 千克
時代：商代後期
著錄：《安陽殷墟郭家莊商代墓葬》101 頁
出土：河南安陽殷墟郭家莊 M160：125
現藏：中國社會科學院考古研究所

亞
址。

字數：2
度量：通高 20.8 釐米，重 0.88 千克
時代：商代後期
著錄：《安陽殷墟郭家莊商代墓葬》101 頁
出土：河南安陽殷墟郭家莊 M160：124
現藏：中國社會科學院考古研究所

842 亞矣爵

亞
矣。

字數:2
度量:通高 21.9 釐米
時代:商代後期
著錄:富士比(1973,6,26:3)
流傳:英國東方瓷器學會 1951 年"早期中國青銅器"
　　展覽;英國倫敦富士比拍賣行

843 子義爵

子義。

字數：2
度量：通高 19.2 釐米
時代：商代後期
著錄：《文物》1992 年 4 期 94—95 頁
出土：1984 年 10 月山東平陰縣洪范鄉臧莊墓葬
現藏：山東平陰縣博物館籌建處

844 子工爵

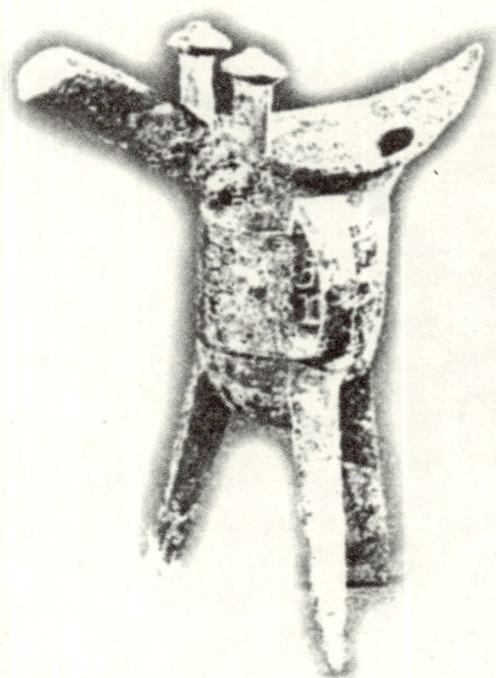 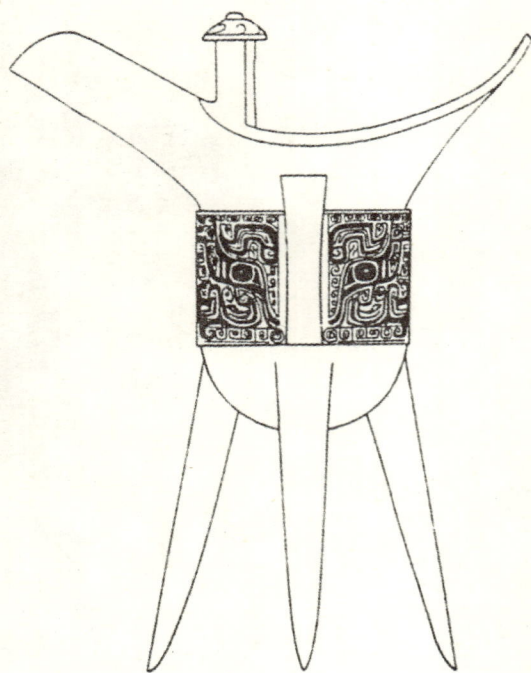

子
工。

字數:2
度量:通高 20.3 釐米
時代:商代後期
著錄:《華夏考古》1997 年 2 期 17—18 頁
出土:1983—1986 年河南安陽市劉家莊 M1:19
現藏:河南安陽市文物工作隊

845 子口爵

子
口。

字數：2
度量：通高 14 釐米
時代：西周早期
著錄：富士比(1990,6,12:9)
流傳：英國倫敦富士比拍賣行

846 尹舟爵

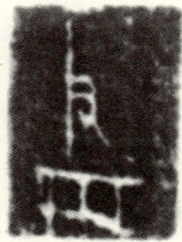

尹舟。

字數:2
度量:通高 20.3 釐米
時代:商代後期
著録:《考古與文物》1990 年 5 期 25—38 頁
出土:陝西長安縣灃西鄉馬王村
現藏:陝西西安市文物中心

847 佣舟爵

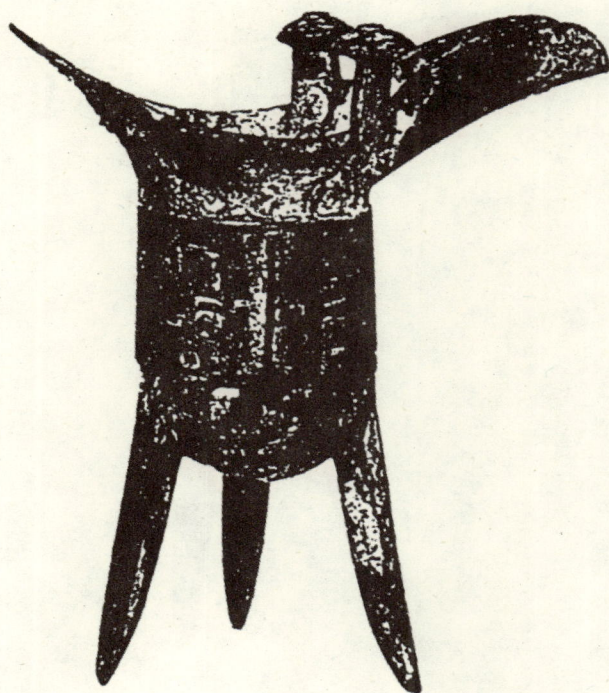

佣
舟。

字數:2
度量:通高 17.7 釐米
時代:商代後期
著録:富士比(1977,12,13:212)
流傳:英國倫敦富士比拍賣行

848 倗舟爵

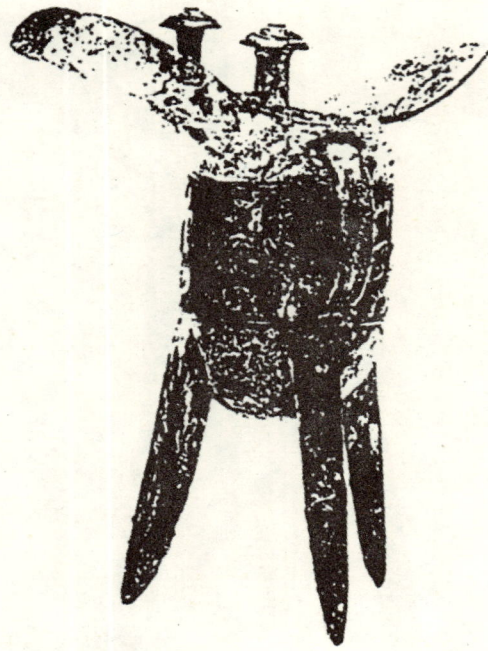

倗
舟。

字數：2
度量：通高 18.3 釐米
時代：商代後期
著錄：富士比(1979,12,11:33)
流傳：P.G.Remarque 舊藏；英國倫敦富士比拍賣行

849 兄冊爵

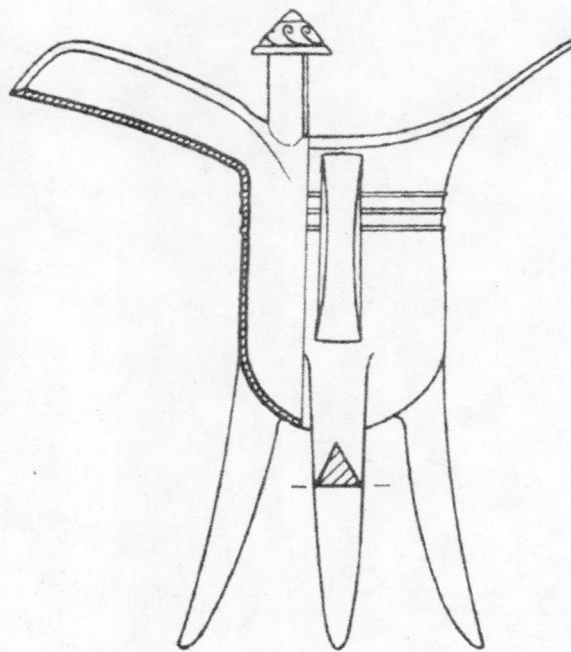

兄
冊。

字數：2
度量：通高 20.3 釐米
時代：商代後期
著録：《安陽殷墟郭家莊商代墓葬》38 頁
出土：河南安陽市殷墟郭家莊 M50：24
現藏：中國社會科學院考古研究所

317

850 用遣爵

用
遣。

字數:2
時代:西周早期
著錄:《中央研究院歷史語言研究所集刊》
　　　第七十本第三分(抽印本)762—774頁
備注:1997年春在香港發現,同出六件器

用
遣。

字數:2
時代:西周早期
著録:《中央研究院歷史語言研究所集刊》
　　第七十本第三分(抽印本)762—774 頁

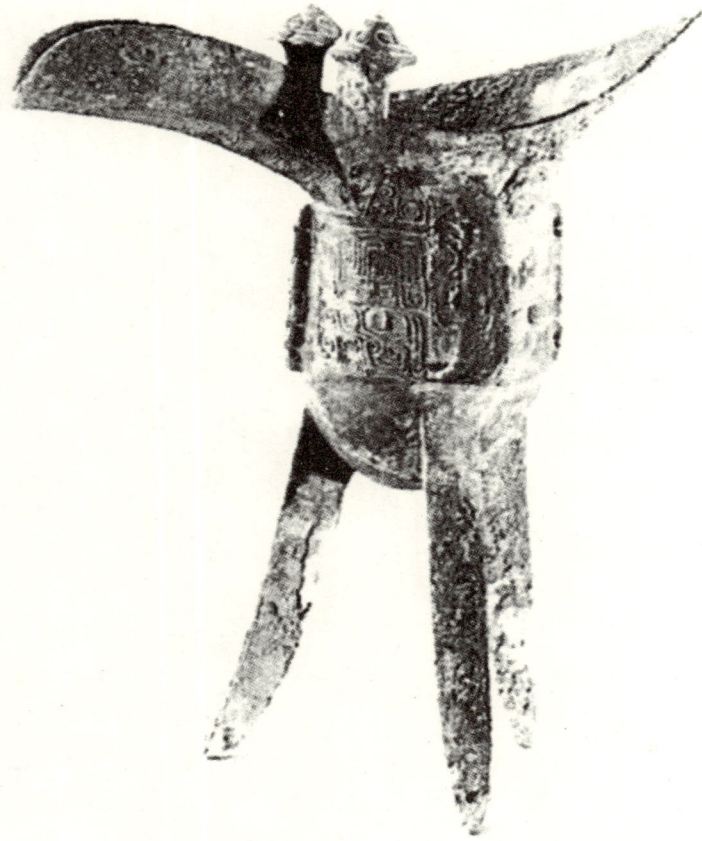

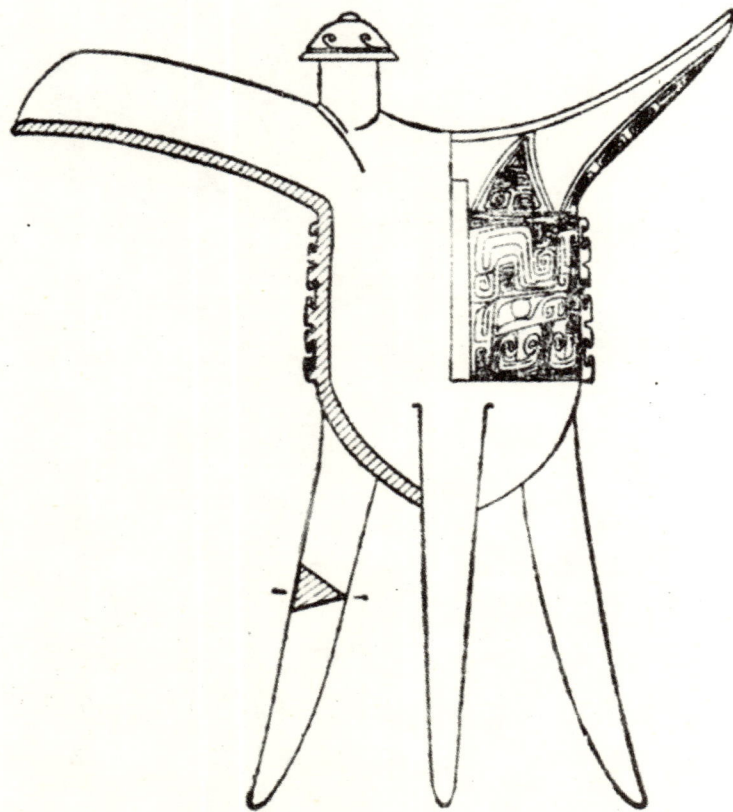

寝
出。

字數:2
度量:通高 19.8 釐米
時代:商代後期
著録:《考古》1992 年 6 期 510—514 頁
出土:1980 年冬河南安陽市大司空村墓葬
現藏:中國社會科學院考古研究所安陽工作隊

853 寢印爵

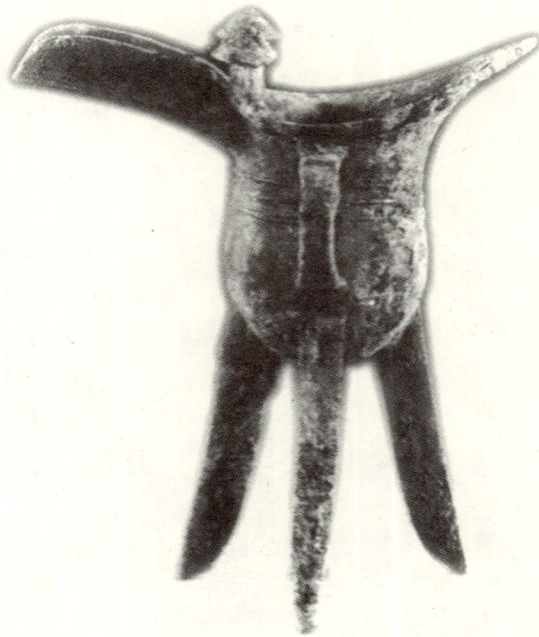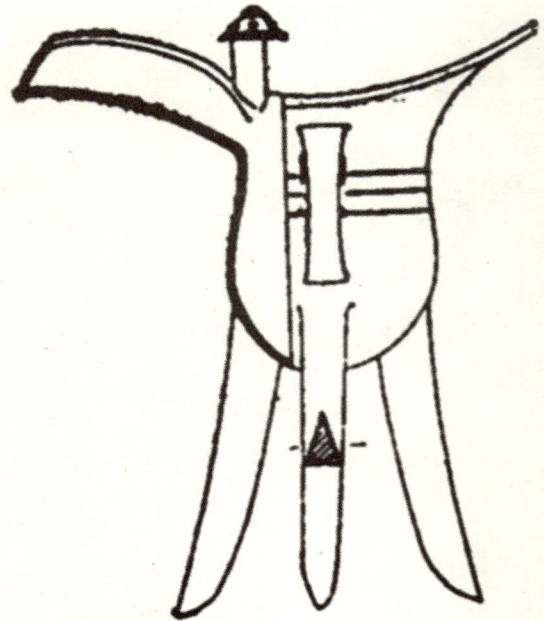

寢
印。

字數:2
度量:通高 21.2 釐米
時代:商代後期
著録:《考古》1989 年 7 期 592—593 頁
出土:1986 年秋河南安陽大司空村墓葬 M25:16
現藏:中國社會科學院考古研究所安陽工作隊

854 寢印爵

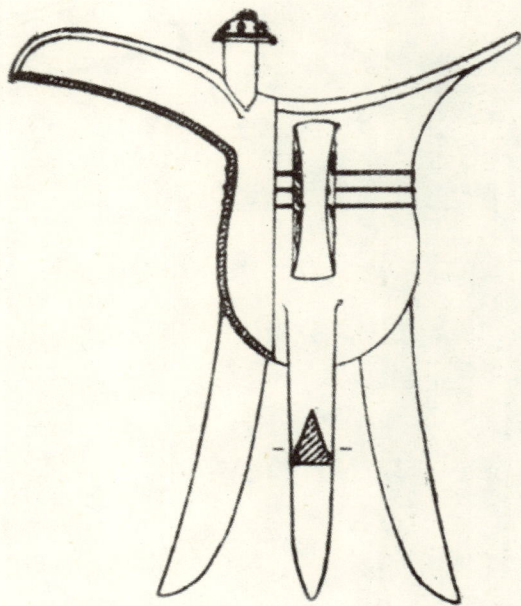

寢印。

字數:2
度量:通高 21 釐米
時代:商代後期
著錄:《考古》1989 年 7 期 592—593 頁
出土:1986 年秋河南安陽大司空村墓葬 M29:5
現藏:中國社會科學院考古研究所安陽工作隊

855 寢印爵

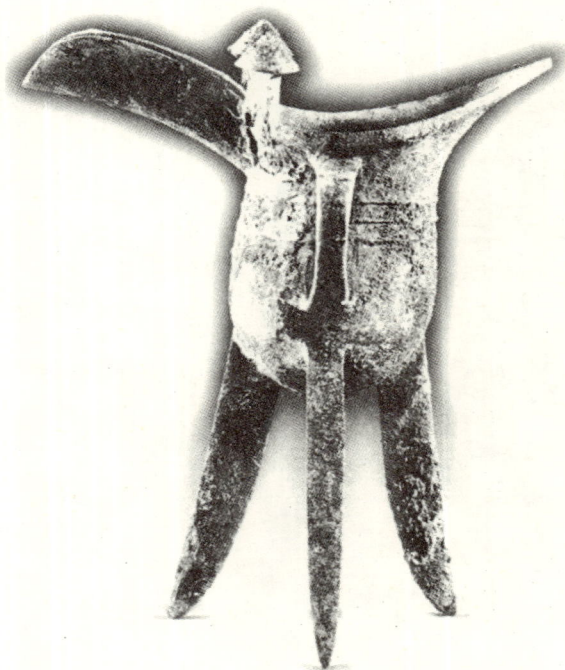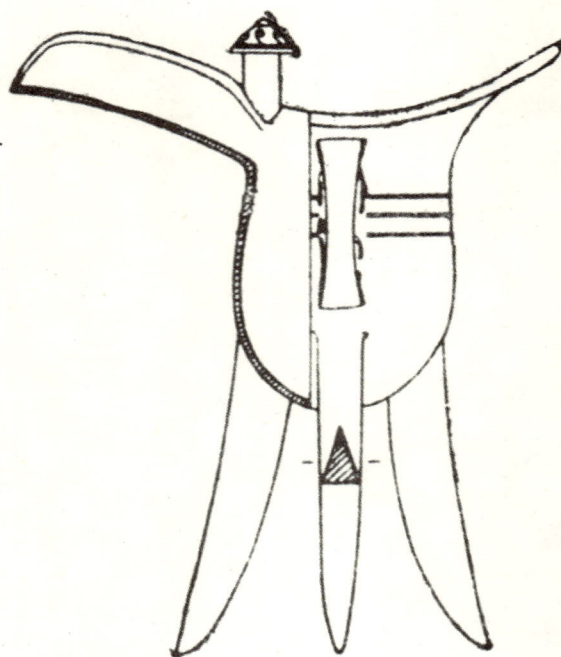

寢
印
。

字數：2
度量：通高 20.8 釐米
時代：商代後期
著録：《考古》1989 年 7 期 592—593 頁
出土：1986 年秋河南安陽大司空村墓葬 M29：1
現藏：中國社會科學院考古研究所安陽工作隊

856 寝印爵

現藏:中國社會科學院考古研究所安陽工作隊

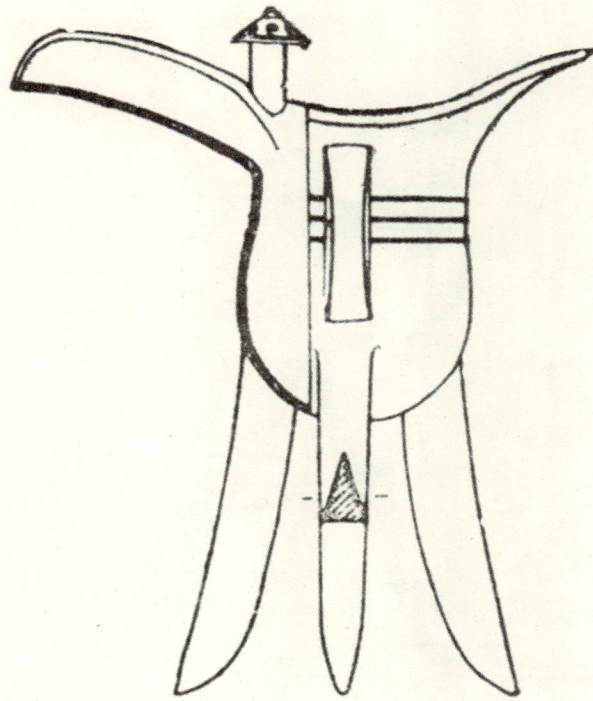

寝印。

字數:2
度量:通高 21.2 釐米
時代:商代後期
著録:《考古》1989 年 7 期 592—593 頁
出土:1986 年秋河南安陽大司空村墓葬 M25:14
現藏:中國社會科學院考古研究所安陽工作隊

857 榮鬥爵

榮
鬥
。

字數：2
度量：通高 19.5 釐米
時代：商代後期
著錄：《海岱考古》第一輯 313—314 頁
出土：1985 年春山東濰坊市坊子區院上水庫南崖
現藏：山東濰坊市博物館

858 家肇爵

家
肇。

字數：2
度量：通高 18.8 釐米
時代：商代後期
著録：《考古學報》1986 年 2 期 161—172 頁
出土：1979—1980 年河南羅山縣蟒張鄉天湖村墓葬 28:5
現藏：河南羅山縣文化館

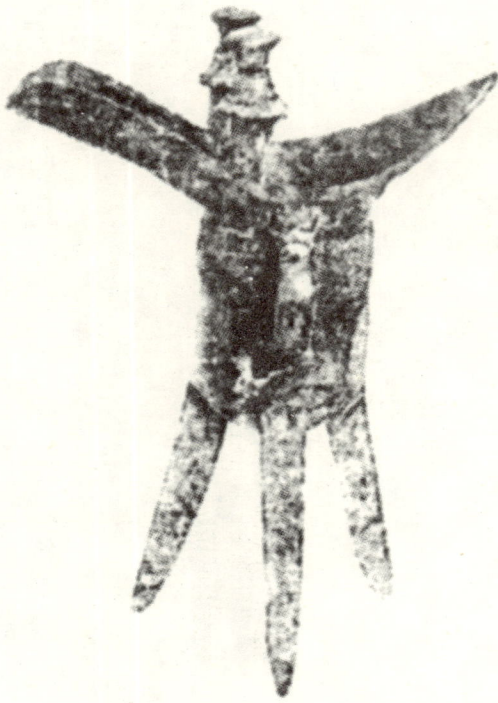

葡
戊。

字數:2
度量:通高 21.5 釐米
時代:商代後期
著録:《考古與文物》1996 年 6 期 74—77 頁
現藏:河南南陽市博物館

860 夨右爵

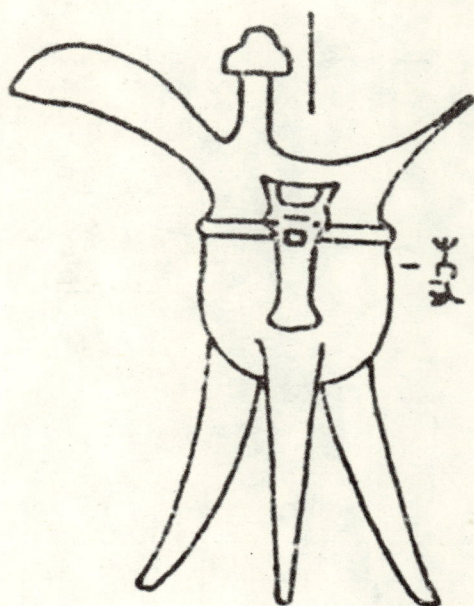

夨右。

字數：2
度量：通高 20.8 釐米
時代：商代後期
著錄：《海岱考古》第一輯 305—306 頁
出土：1980—1982 年山東昌樂縣東圈
現藏：山東昌樂縣文物管理所

861 耳竹爵

3
人

耳
竹
。

字數：2
度量：通高 20.5 釐米
時代：商代後期
著録：富士比（1980，4，15：25）
流傳：英國倫敦富士比拍賣行

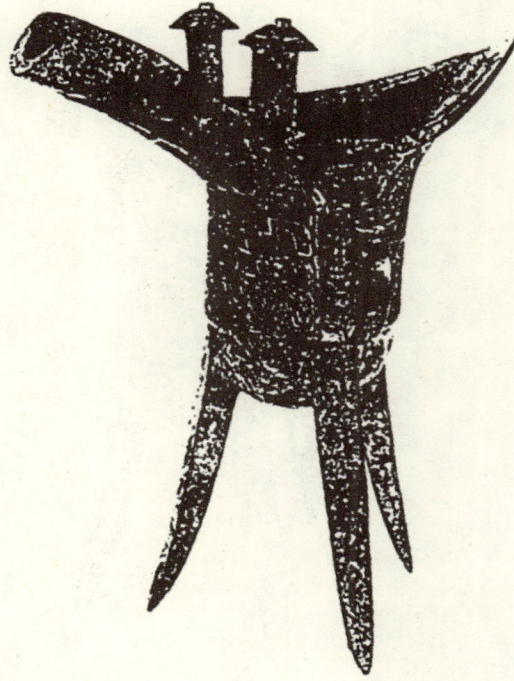

862 冊𓎤爵

字數:2
度量:通高 19.5 釐米
時代:商代後期
著録:富士比(1972,3,14:3)
流傳:Lodge 夫婦舊藏;英國倫敦富士比拍賣行

863 皿𢀜爵

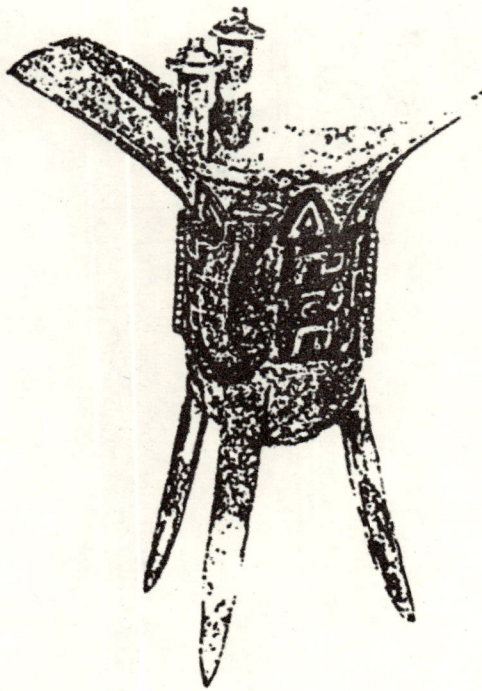

字數:2
度量:通高 20.5 釐米
時代:商代後期
著録:富士比(1976,7,6:1)
流傳:英國倫敦富士比拍賣行

864 車犬爵

車犬。

字數:2
度量:通高 19 釐米
時代:商代後期
著録:富士比(1978,7,11:6)
流傳:英國倫敦富士比拍賣行

865 榮仲爵

榮
仲
。

字數：2
度量：通高 20.5 釐米，重 0.71 千克
時代：西周早期
著錄：《文物》1996 年 7 期 54—68 頁
出土：1964—1972 年河南洛陽北窰村西龐家溝墓葬 M299：2

866 旅止允爵

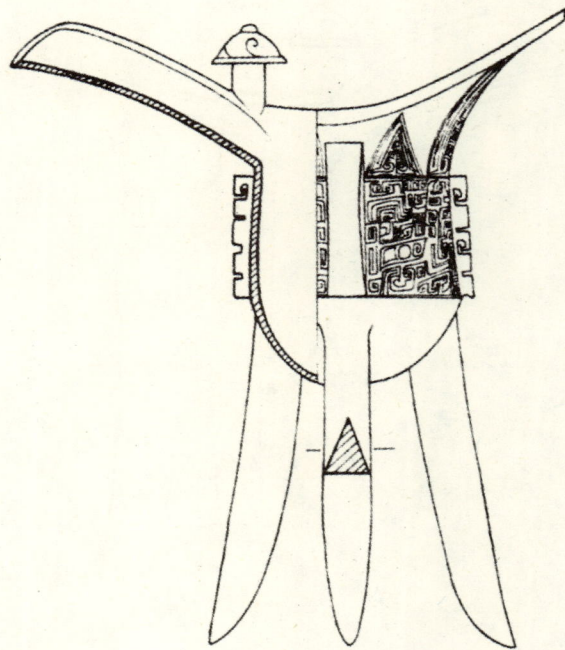

　　　　　旅　止
　　　　　　　允
　　　　　　　。

字數：3
度量：通高 20.8 釐米
時代：商代後期
著録：《考古》1998 年 10 期 41 頁
出土：1995 年河南安陽市郭家莊東南 26 號墓 M26：18
現藏：中國社會科學院考古研究所安陽工作隊

867 旅止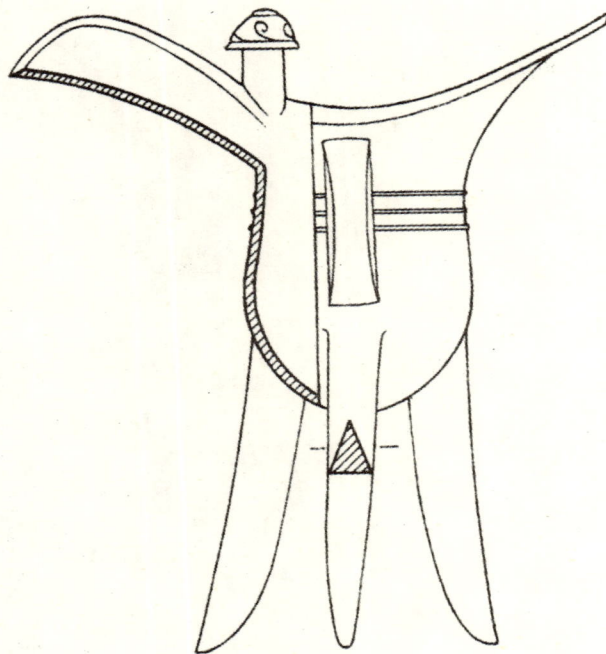爵

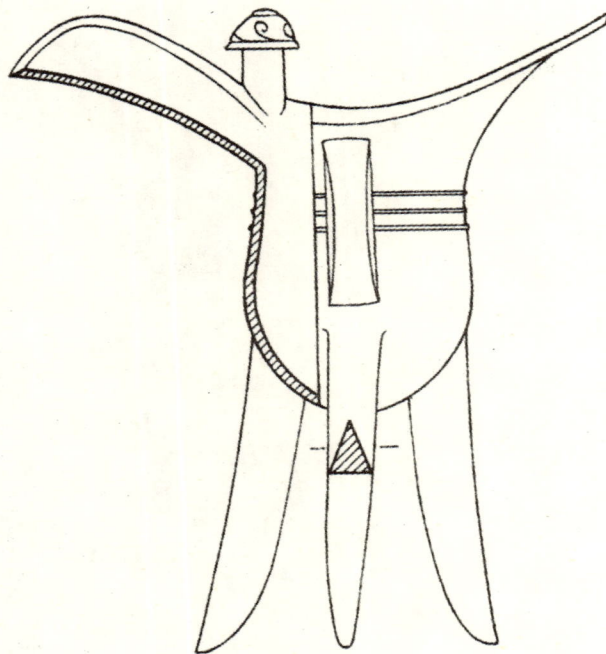

旅 止

　 。

字數：3
度量：通高 21.2 釐米
時代：商代後期
著録：《考古》1998 年 10 期 41 頁
出土：1995 年河南安陽市郭家莊東南 26 號墓 M26：19
現藏：中國社會科學院考古研究所安陽工作隊

868 羊祖己爵

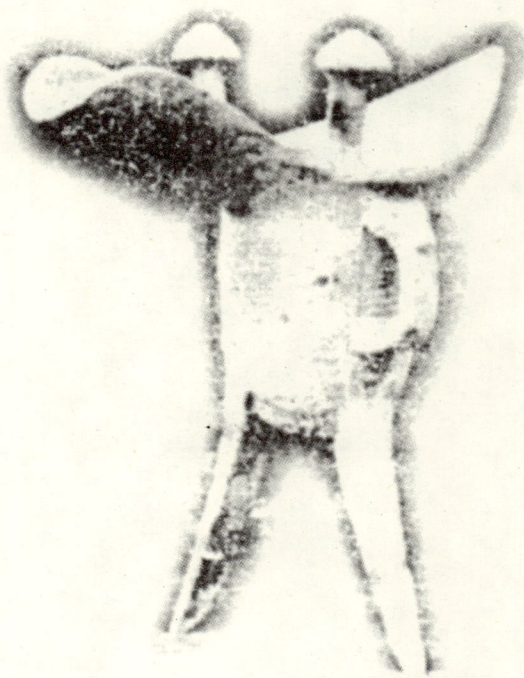

羊。
祖
己。

字數:3
度量:通高 20.6 釐米
時代:西周早期
著録:《文博》1991 年 2 期 71—74 頁
現藏:陝西韓城市博物館

869 戈父乙爵

戈。
父乙。

字數:3
度量:通高 19.8 釐米
時代:商代後期
著録:《考古與文物》1990 年 5 期 25—38 頁
現藏:陝西西安市文物商店

870 宁父乙爵

 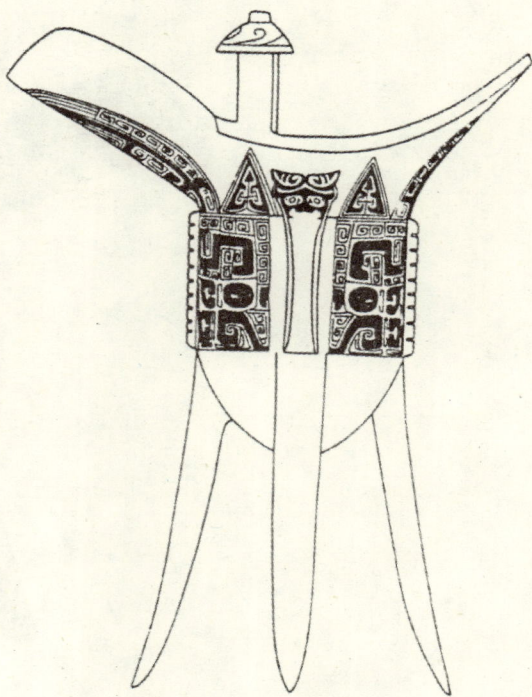

宁。

父乙。

字數:3
度量:通高 20 釐米
時代:商代後期
著録:《華夏考古》1997 年 2 期 17—18 頁
出土:1983—1986 年河南安陽市劉家莊 M2:2
現藏:河南安陽市文物工作隊

871 几父乙爵

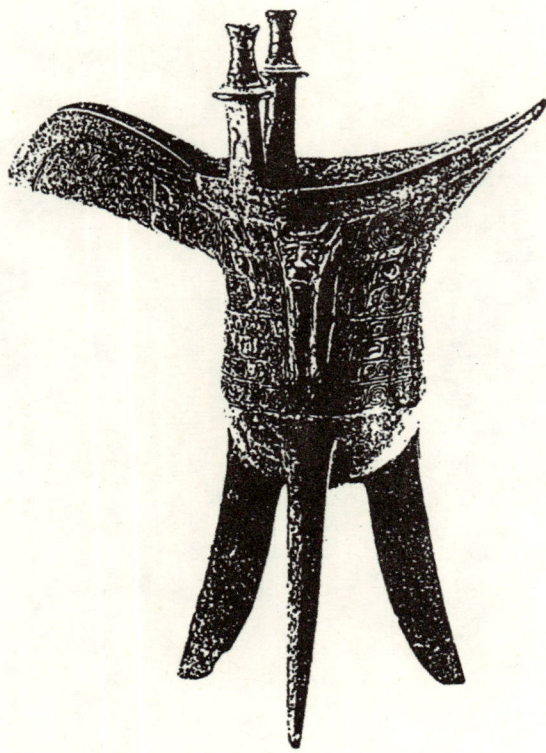

（柱）　　　（鋬）

几。　　　父
　　　　　乙。

字數:3(柱 1鋬2)
度量:通高 22.3 釐米
時代:西周早期
著録:富士比(1985,12,10;6)
流傳:英國倫敦富士比拍賣行

872 黿父乙角

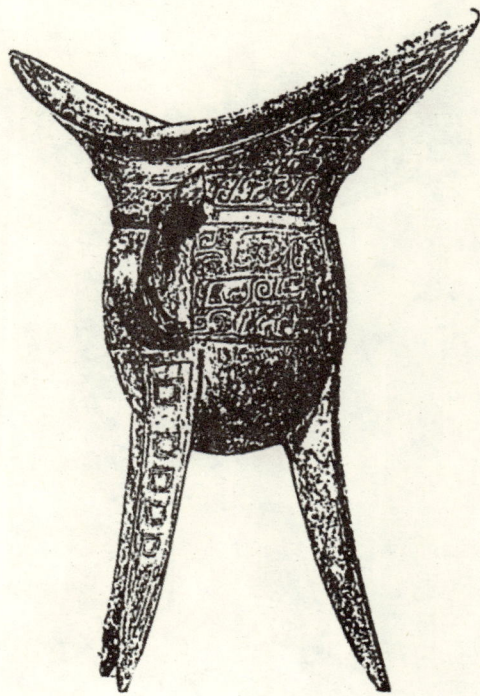

黿。
父
乙。

字數：3
度量：通高 24 釐米
時代：商代後期
著錄：富士比（紐約 1989，5，31：21）
流傳：英國倫敦富士比拍賣行

873 鳥父丙爵

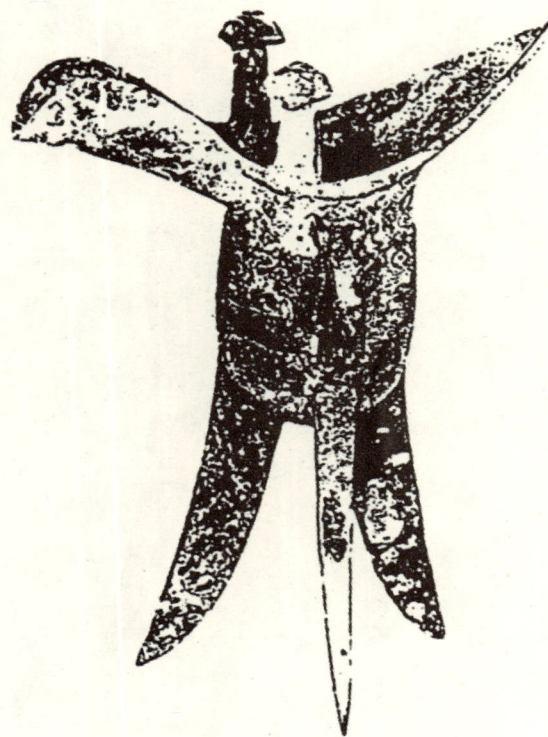

鳥。
父丙。

字數:3
度量:通高 21.3 釐米
時代:西周中期
著録:富士比(1976,4,6:11)
流傳:英國倫敦富士比拍賣行

874 史父丁爵

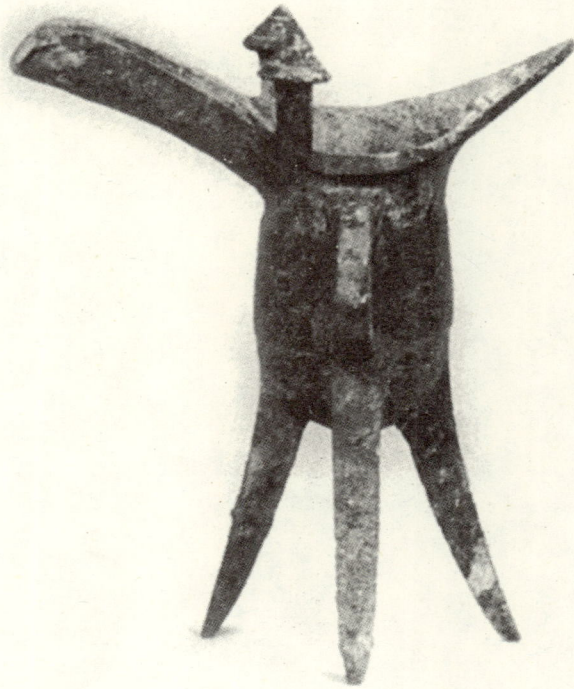

史。父丁。

字數：3
度量：通高 21.5 釐米
時代：商代後期
著録：《海岱考古》第一輯 320—324 頁
現藏：山東濟南市博物館

875 入父丁爵

入。
父丁。

字數:3
時代:西周早期
著録:《考古與文物》1990 年 5 期 26—43 頁
出土:陝西長安縣灃西鄉
現藏:陝西西安市文物中心

876 雤父丁爵

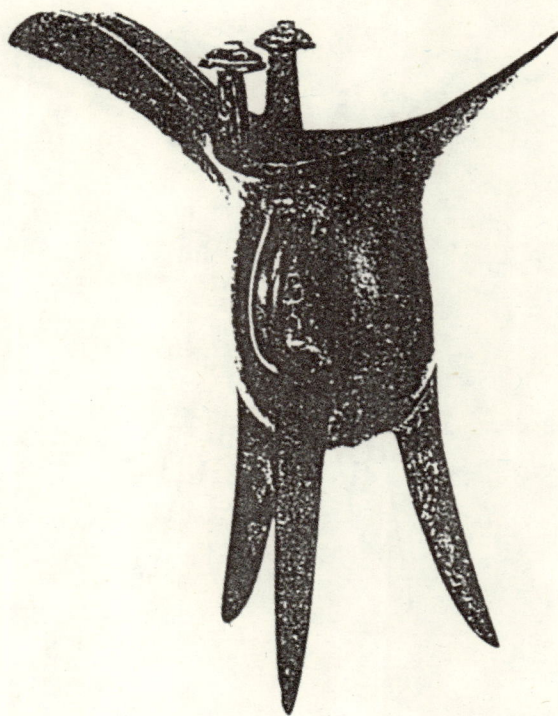

（柱）　　（鋬）

父　　　雤。
丁。

字數:3(柱 2鋬1)
度量:通高 20.3 釐米
時代:西周早期
著録:富士比(1971,11,16:1)
流傳:英國倫敦富士比拍賣行

877 伐父丁爵

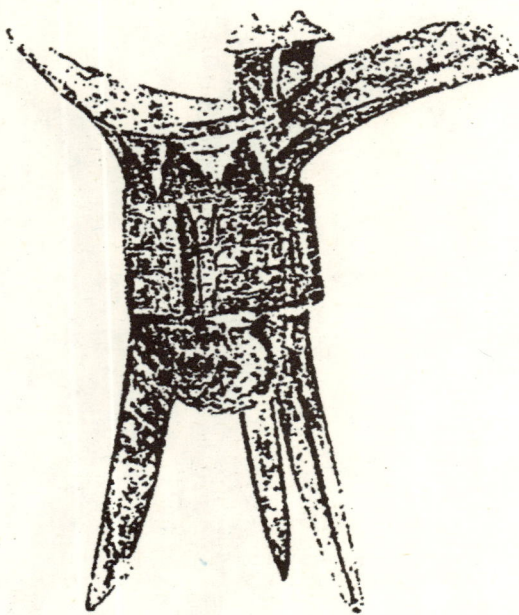

伐。父丁。

字數：3
度量：通高 20.3 釐米
時代：商代後期
著錄：富士比（紐約 1986, 12, 3：21）
流傳：英國倫敦富士比拍賣行

878 伐父丁爵

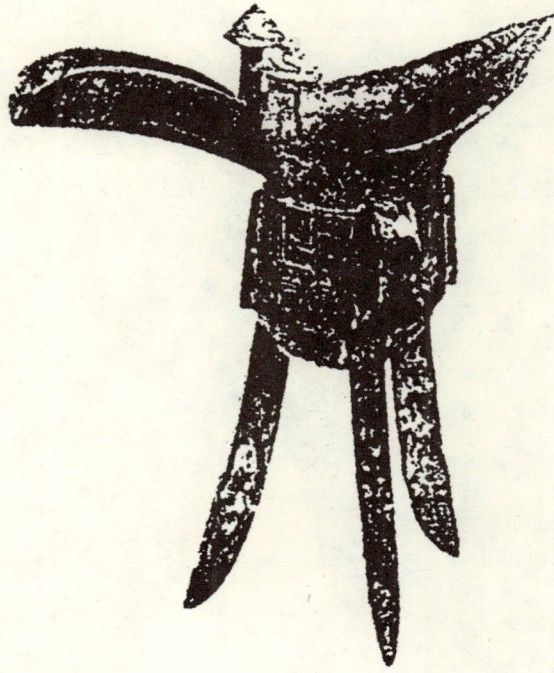

伐。父丁。

字數：3
度量：通高 20.3 釐米
時代：西周早期
著録：富士比(1966,2,14:147)
流傳：英國倫敦富士比拍賣行

879 亞父己爵

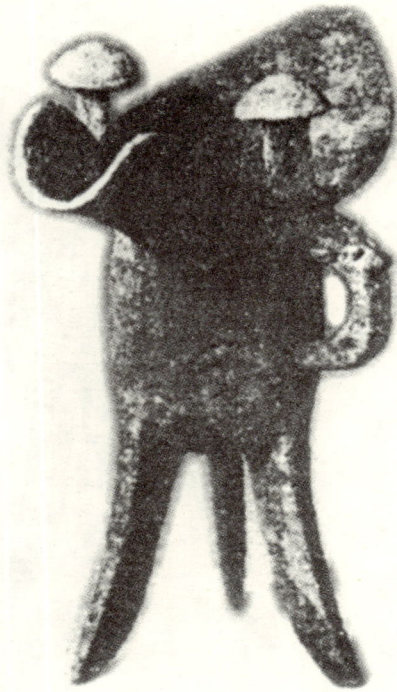

亞。父己。

字數：3
度量：通高 16.8 釐米
時代：西周早期
著錄：《文物》1983 年 11 期 64—67 頁
出土：1982 年 6 月北京順義縣金牛村
現藏：北京市文物工作隊
備注：同出兩件，器形、銘文、紋飾皆同，此其一

880 我父己爵

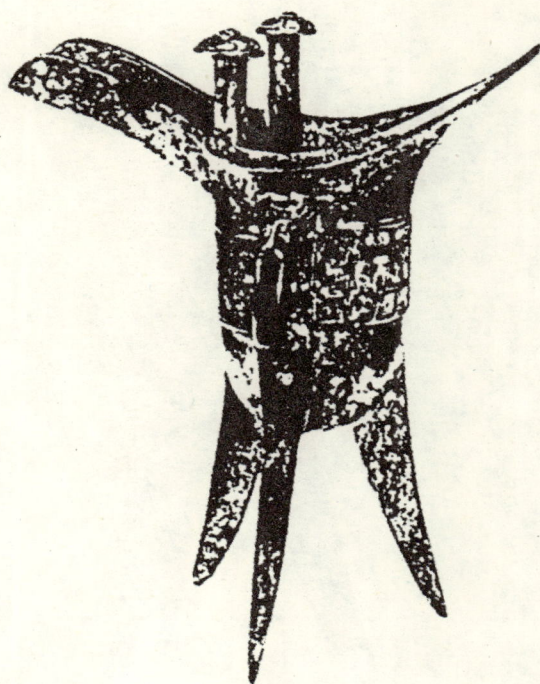

我。父己。

字數:3
度量:通高 18.4 釐米
時代:西周早期
著録:富士比(1970,7,14:50)
流傳:英國倫敦富士比拍賣行

881 左父辛爵

左。父辛。

字數:3
度量:通高 21.6 釐米
時代:商代後期
著録:富士比(1973, 11, 27:11)
流傳:Natanaé l Wessén 舊藏;英國倫敦富士比拍賣行

882 魚父辛爵

魚。
父辛。

字數：3
度量：通高 22 釐米
時代：西周早期
著録：富士比（1974，12，2：8）
流傳：曾在美國紐約大都會博物館展出；
　　　英國倫敦富士比拍賣行

883 魚父辛爵

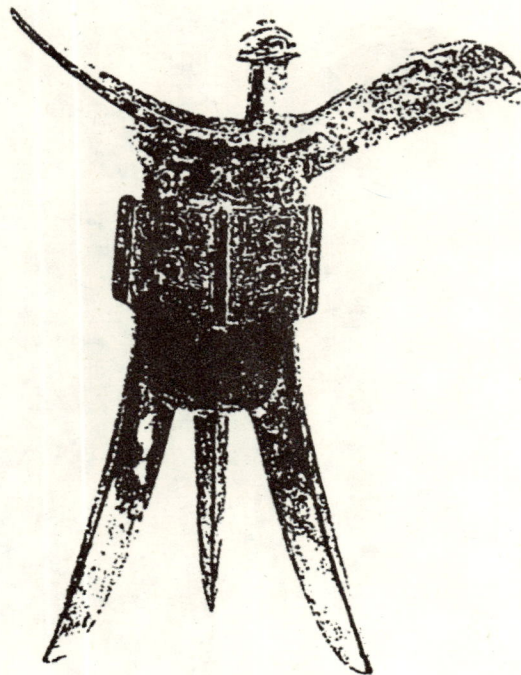

魚。父辛。

字數：3
度量：通高 22 釐米
時代：西周早期
著録：富士比（1974, 12, 2：8）
流傳：曾在美國紐約大都會博物館展出；
　　　英國倫敦富士比拍賣行

884 魚父癸爵

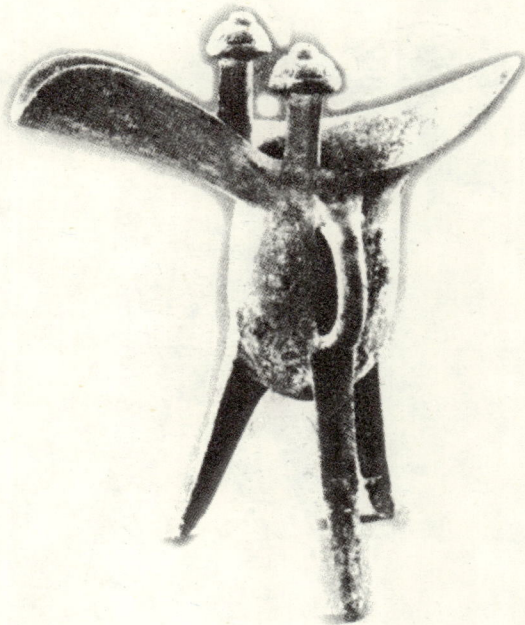

魚。
父癸。

字數:3
度量:通高 20.2 釐米,重 0.65 千克
時代:西周早期
著録:《寶鷄強國墓地》(上)69 頁
出土:陝西寶鷄竹園溝 13 號墓 M13:6
現藏:陝西寶鷄市博物館

885 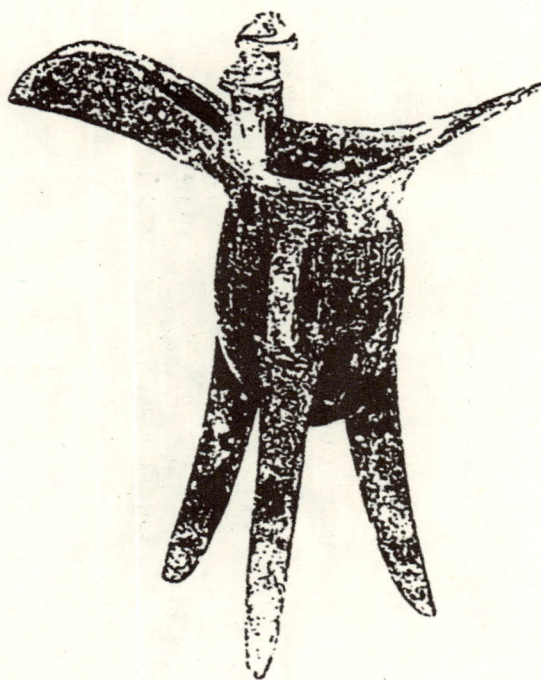父癸爵

父癸。

字數:3
度量:通高 18.5 釐米
時代:西周早期
著録:富士比(1976,4,6:3)
流傳:R.C.Farish 舊藏;英國倫敦富士比拍賣行

886 穷父癸爵

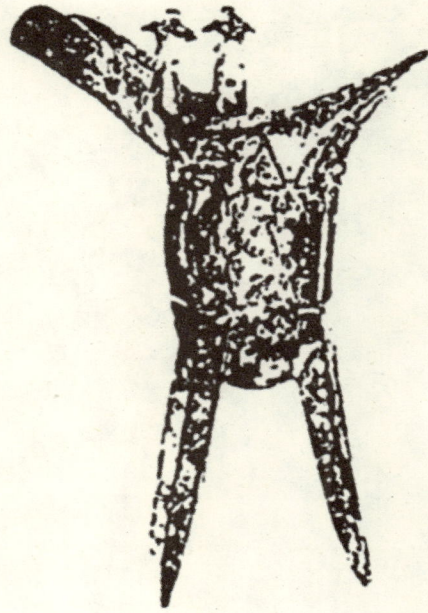

窍。
父癸。

字數:3
度量:通高 18.5 釐米
時代:商代後期
著録:富士比(1975,3,25:147)
流傳:英國倫敦富士比拍賣行

887 龔父癸爵

出土：1983—1986 年河南安陽市劉家莊 M9∶54

龔。父癸。

字數：3
度量：通高 19.9 釐米
時代：商代後期
著録：《華夏考古》1997 年 2 期 17—18 頁
出土：1983—1986 年河南安陽市劉家莊 M9∶54
現藏：河南安陽市文物工作隊

888 叔父癸爵

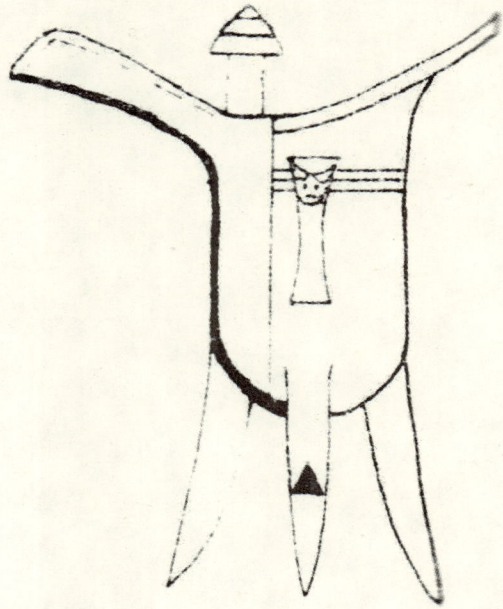

叔。父癸。

字數：3
度量：通高 23 釐米
時代：商代後期
著錄：《文物》1992 年 3 期 93—95 頁
出土：1984 年 10 月山東新泰市府前街墓葬
現藏：山東新泰市博物館

889 剌父癸爵

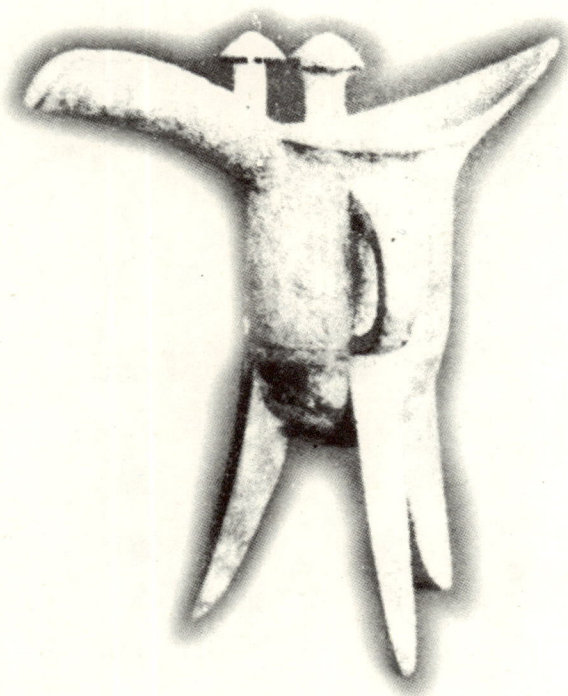

剌。
父
癸。

字數：3
度量：通高 19 釐米，重 0.7 千克
時代：商代後期
著録：《文物》1990 年 7 期 36—37 頁
出土：1973 年 6 月山東兗州縣嶩山區李宮村
現藏：山東兗州縣博物館

890 息父口爵

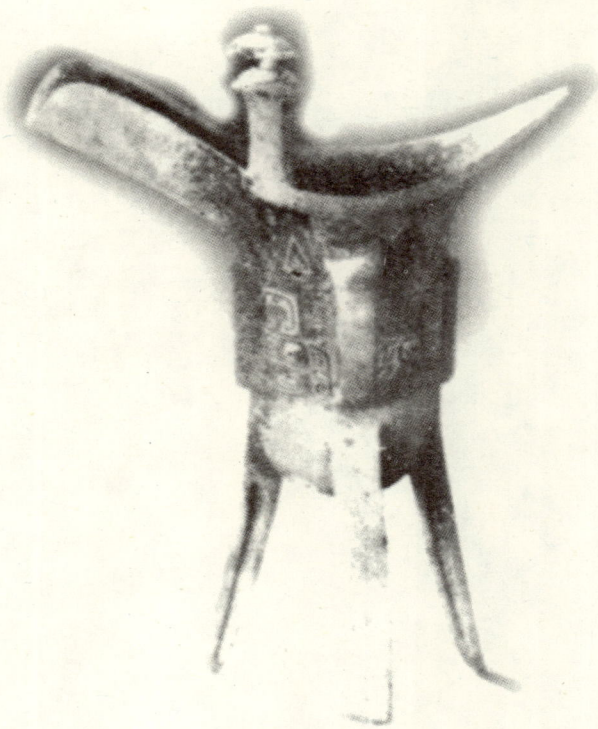

息。
父口。

字數:3
度量:通高 18.5 釐米
時代:商代後期
著録:《考古學報》1986 年 2 期 161—172 頁
出土:1979—1980 年河南羅山縣蟒
　　　張鄉天湖村墓葬 M12:3

891 魚父口爵

魚。
父口。

字數：3
時代：商代後期
著録：《考古與文物》1996 年 6 期 74—77 頁
現藏：河南南陽市博物館

892 黿父□爵

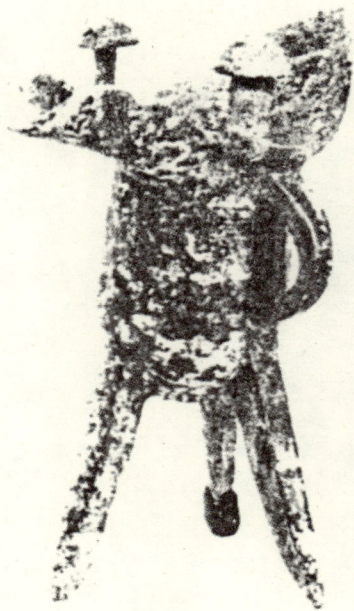 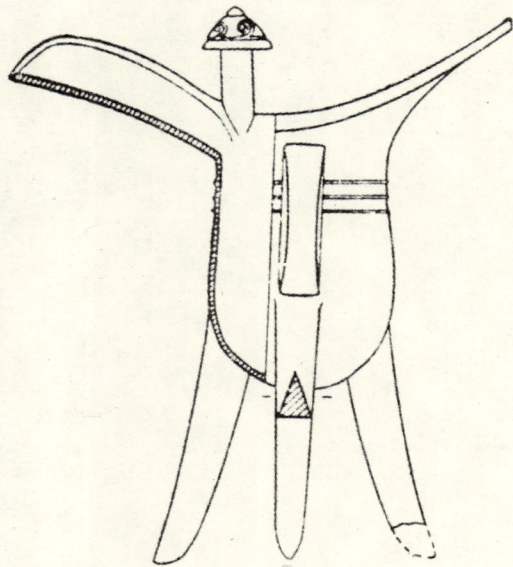

黿。

父
□。

字數:3
度量:通高 20.4 釐米
時代:商代後期
著録:《考古》1991 年 2 期 132—134 頁
出土:1987 年 8—12 月河南安陽市
　　　梅園莊南地墓葬 M92:2

893 並母戊爵

並。
母
戊。

字數:3
度量:通高 21.8 釐米,重 0.6 千克
時代:商代後期
著錄:《考古與文物》1994 年 3 期 38 頁
出土:1980 年 4 月陝西岐山縣蔡家坡
現藏:陝西岐山縣博物館

894 田辛爵

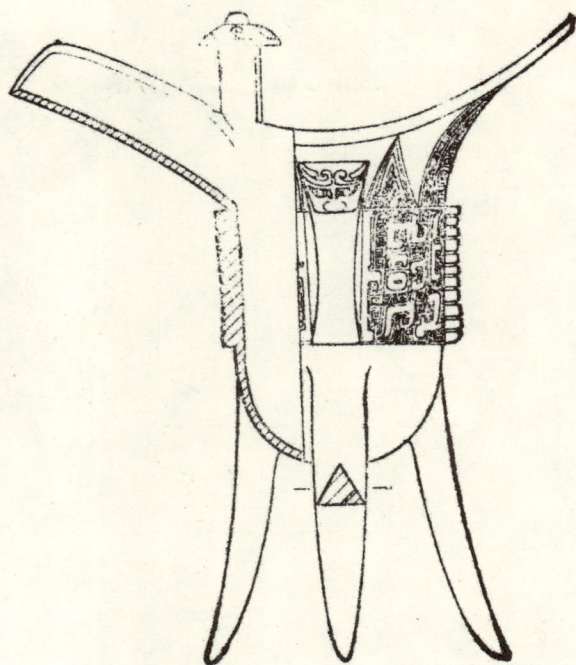

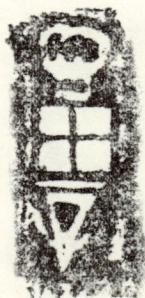

田。辛。

字數:3
度量:通高 19.2 釐米
時代:商代後期
著録:《考古》1993 年 10 期 883—896 頁
出土:1991 年河南安陽市后岡墓葬 M33:12
現藏:中國社會科學院考古研究所安陽工作隊

895 亞夫魋爵

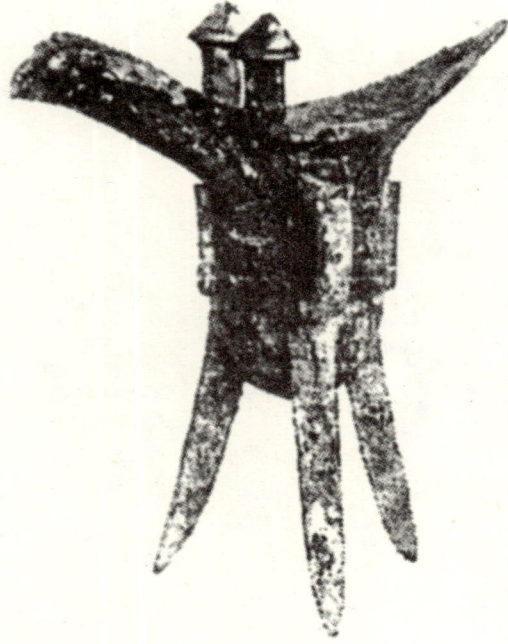

亞夫魋。

字數:3
時代:商代後期
著録:《考古與文物》1996 年 6 期 74—77 頁
現藏:河南南陽市博物館

896 ◇葡皐爵

◇
葡
皐。

字數：3
度量：通高 22.5 釐米
時代：商代後期
著録：《歐洲所藏中國青銅器遺珠》圖版 19
現藏：德國科隆東亞藝術博物館

897 女嬪祖丁角

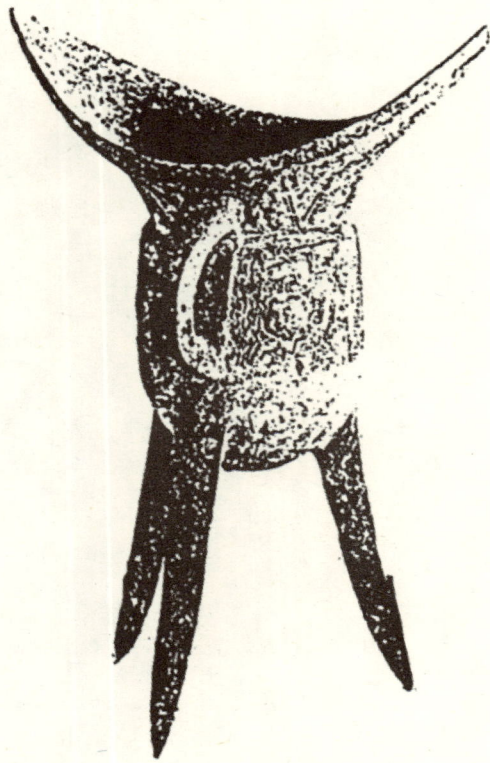

女嬪。祖丁。

字數:4
度量:通高 17.2 釐米
時代:商代後期
著錄:富士比(1986,6,10:50)
流傳:英國倫敦富士比拍賣行

898 亞父乙爵

亞

父
乙。

字數:4
度量:通高 19.8 釐米
時代:西周早期
著録:《考古》1984 年 9 期 785 頁
出土:1961—1962 年陝西長安縣張家坡村墓葬
現藏:中國社會科學院考古研究所灃西發掘隊

899 亞示父乙爵

亞示。父乙。

字數:4
度量:通高 18.4 釐米,重 0.9 千克
時代:西周早期
著録:《文物》1996 年 7 期 54—68 頁
出土:1964—1972 年河南洛陽市北窯村西龐家溝墓葬

嬰天。
父己。

字數：4
度量：通高 19.8 釐米
時代：商代後期
著録：《考古》1991 年 2 期 132—134 頁
出土：1987 年 8—12 月河南安陽市
　　　梅園莊南地墓葬 M30：1

901 麋癸爵

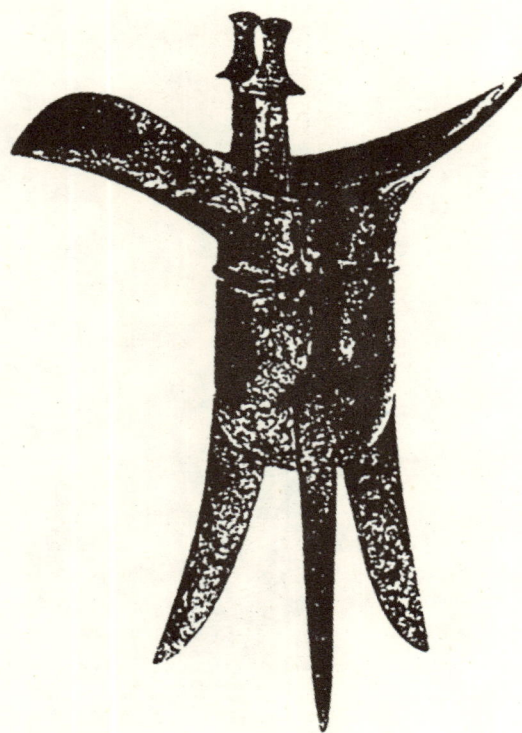

（柱）   （鋬）

父
己。   麋
                       癸。

字數:4(柱 2鋬2)
度量:通高 21.7 釐米
時代:西周中期
著録:富士比(1972,11,14:222)
流傳:英國倫敦富士比拍賣行
備注:"父己"疑偽刻

902 冀冊父庚角

冀冊。父庚。

字數:4
度量:通高 21.7 釐米
時代:商代後期
著録:富士比(1968,12,10:34)
流傳:英國倫敦富士比拍賣行

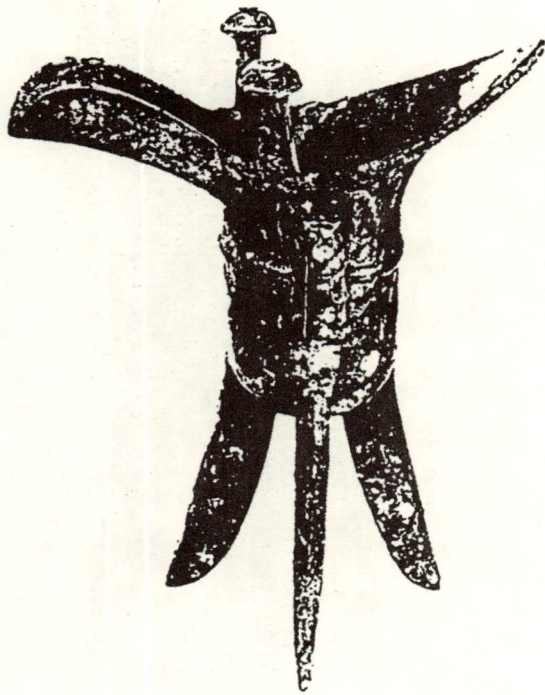

(柱)　　　　　(鋬)

井。　　　　父辛。

字數:4(柱 2鋬2)
度量:通高 20.3釐米
時代:西周早期
著錄:富士比(1967,5,16:40)
流傳:英國倫敦富士比拍賣行

904 伯豐爵

伯　作
豐　彝。

字數:4
度量:通高 20.5 釐米,重 0.65 千克
時代:西周中期
著録:《文物》1996 年 7 期 54—68 頁
出土:1964—1972 年河南洛陽北窰村
　　　西龐家溝墓葬 M368:4

905 矢爵

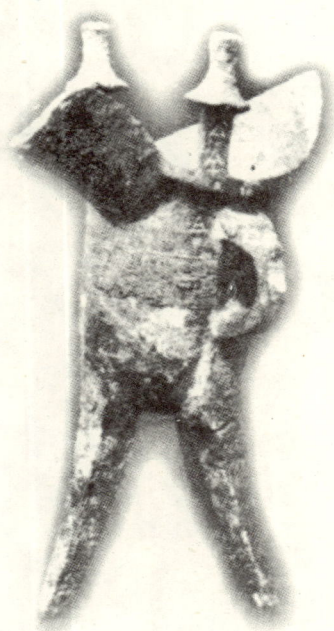

（柱）

（鋬）

衮。作祖丁。

矢。

字數：5（柱 4 鋬 1）
度量：通高 23 釐米
時代：商代後期
著録：《考古與文物》1990 年 4 期 17—21 頁
流傳：陝西寶鷄市公安局收繳

906 鄉爵

鄉作祖壬
彝。

字數:5
度量:通高 20 釐米
時代:商代後期
著録:富士比(1977,12,13:236)
流傳:荷蘭 H.E.Smeets 舊藏;英國倫敦富士比拍賣行

907 析宁Ⅱ爵

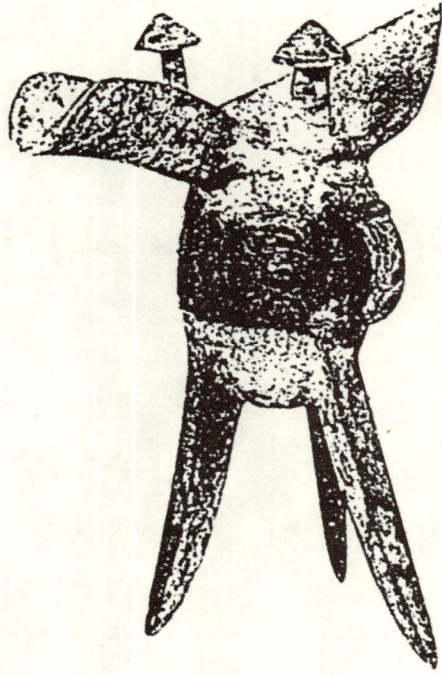

析宁Ⅱ。
父□。

字數:5
度量:通高 11 釐米
時代:商代後期
著録:富士比(1975,7,8;11)
流傳:英國倫敦富士比拍賣行

908 析宁Ⅱ爵

析宁Ⅱ。父口。

字數:5
度量:通高 20.3 釐米
時代:商代後期
著錄:富士比(1977,7,5:22)
流傳:英國倫敦富士比拍賣行

909 亥爵

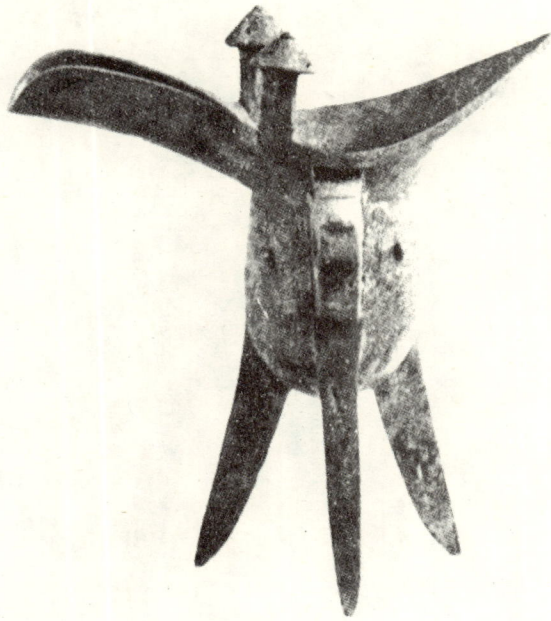

父乙彝。
亥用作

字數:6
度量:通高 21.2 釐米
時代:西周早期
著録:《考古》1990 年 10 期 879—881 頁
出土:1988 年 7 月陝西麟遊縣九成官鎮後坪村
現藏:陝西麟遊縣博物館

910 婦𤠔角

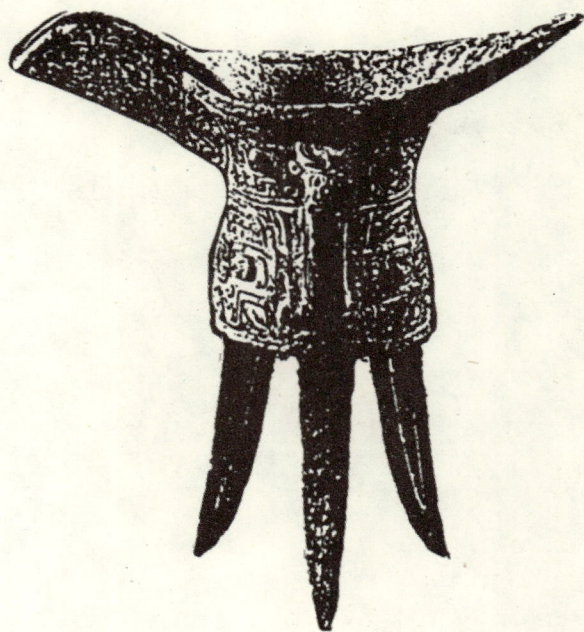

婦𤠔
文姑
尊彝。

字數:存 6
度量:通高 17.2 釐米
時代:商代後期
著錄:富士比(1994,12,6:2)
流傳:英國倫敦富士比拍賣行

911 父辛爵

寶尊彝。
□作父辛。

字數：7
度量：通高 24 釐米，重 0.79 千克
時代：西周早期
著錄：《中國文物報》1991 年 31 期 3 版
現藏：陝西咸陽市博物館

912 史㝨爵

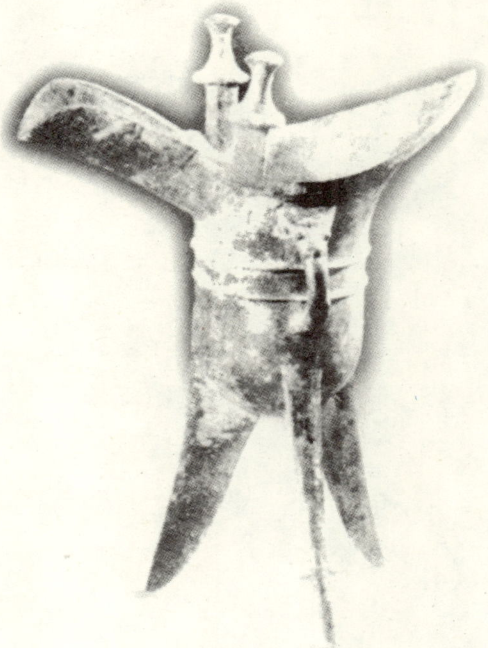

史㝨作父
庚寶尊彝。

字數：8
度量：通高 22.6 釐米，重 0.8 千克
時代：西周早期
著録：《文物》1996 年 7 期 54—68 頁
出土：1964—1972 年河南洛陽市北窰村西龐家溝墓葬

913 晨角

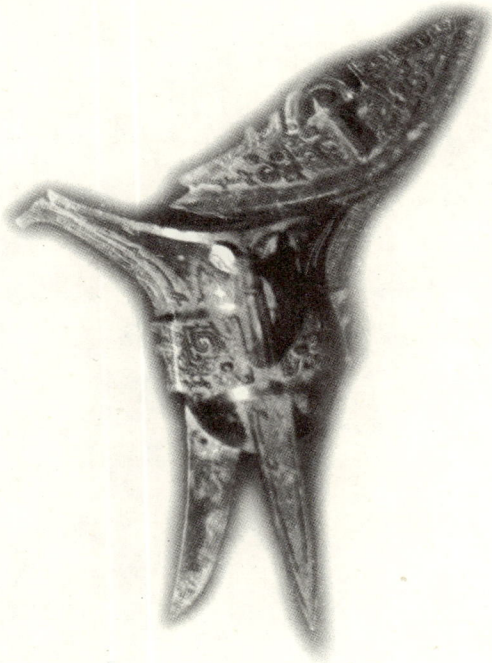

（蓋）

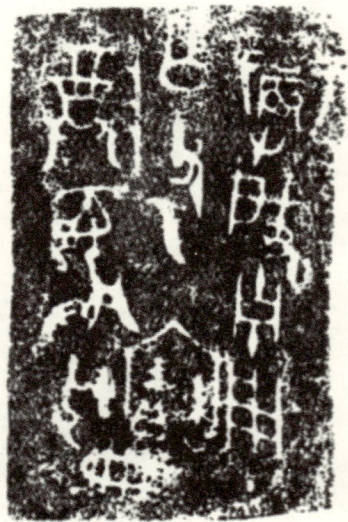

（器）

寶尊彝。即冊。
用作父乙
晨肇貯

尊彝。即冊。
作父乙寶
晨肇貯用

字數：12（蓋器同銘）
度量：通高 28 釐米
時代：西周早期
著録：《考古》1989 年 1 期 10—18 頁
出土：1986 年 8 月河南信陽縣溮河港鄉溮河灘
現藏：河南信陽市文物管理委員會

914 晨角

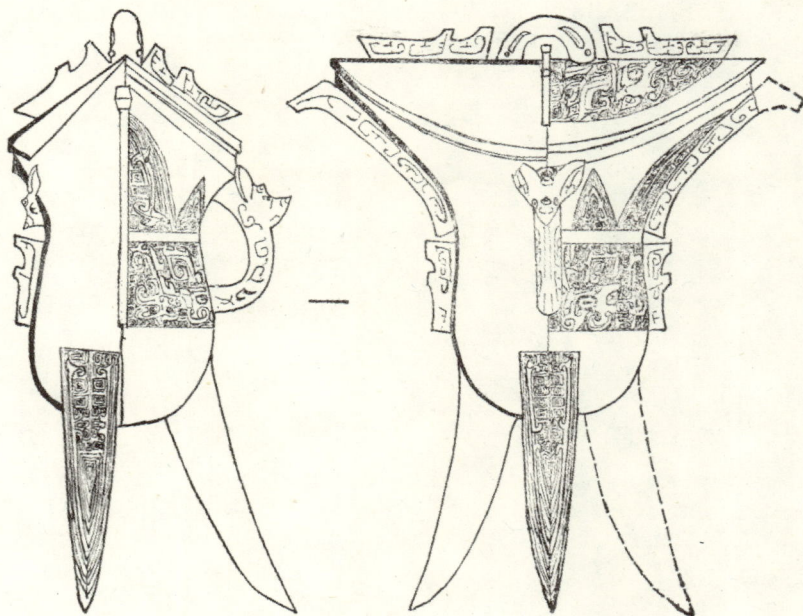

（蓋）　　　　　　　（器）

晨肇貯用
作父乙寶
尊彝。即冊。

字數:12(蓋器同銘)
度量:通高 28 釐米
時代:西周早期
著錄:《考古》1989 年 1 期 10—18 頁
出土:1986 年 8 月河南信陽縣溮河港鄉溮河灘
現藏:河南信陽市文物管理委員會

十、 斝、兕觥、盉、壺、罍、方彝類

915 爰斝

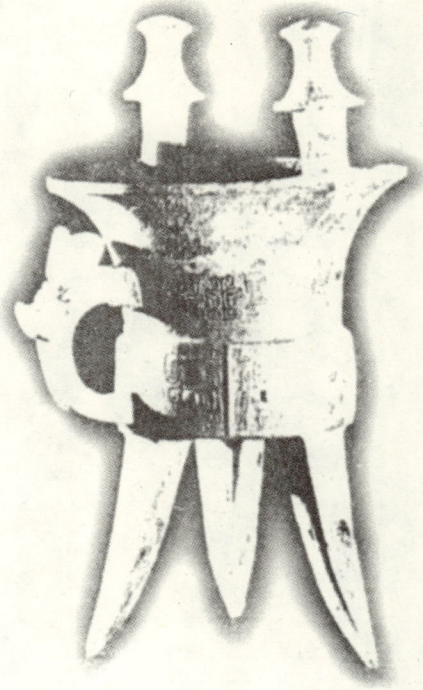

爰。

字數:1
度量:通高 34.7 釐米,口徑 19.9 釐米,重 2.85 千克
時代:商代後期
著録:《考古學報》1991 年 3 期 333—342 頁
出土:1984 年 10—11 月河南安陽市戚家莊東 269 號墓
現藏:河南安陽市文物工作隊

916 ❋斝

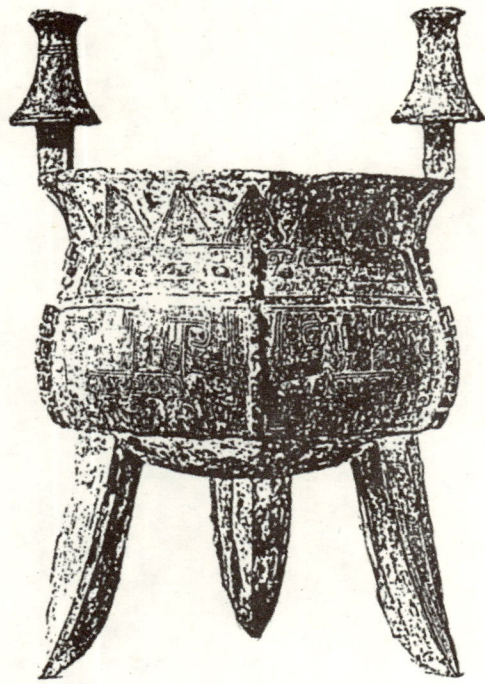

字數:1
度量:通高 26 釐米
時代:商代後期
著錄:富士比(紐約 1989,5,31:20)
流傳:英國倫敦富士比拍賣行

917 祖己斝

祖
己。

字數:2
度量:通高 31 釐米
時代:商代後期
著録:《文物》1989 年 12 期 91—92 頁
出土:1981 年 5 月河南武陟縣寧郭村
現藏:河南武陟縣博物館

918 祖□斝

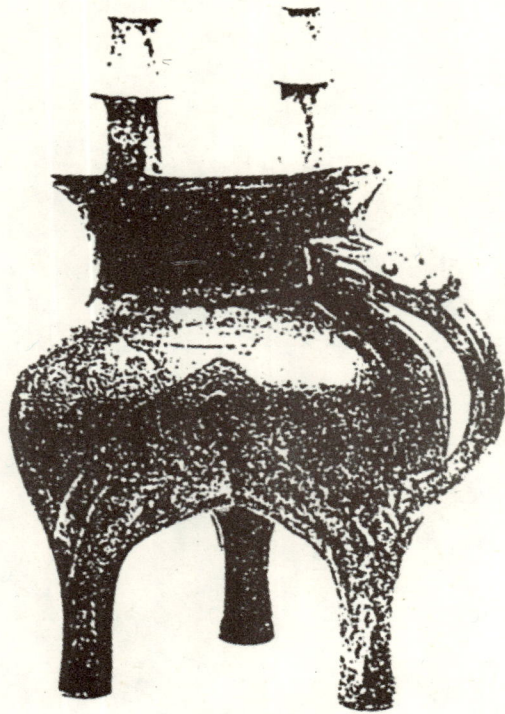

祖
□。

字數:2
度量:通高 33.3 釐米
時代:西周早期
著錄:富士比(1980,12,16:411A)
流傳:英國倫敦富士比拍賣行

919 亞址方斝

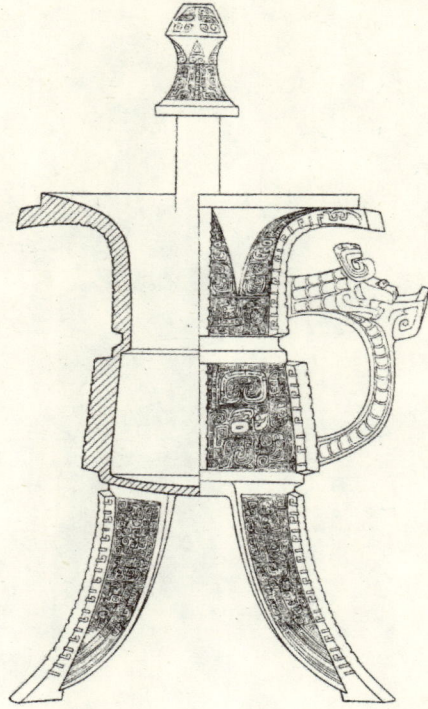

亞
址。

字數:2
度量:通高 43.5 釐米,重 7.9 千克
時代:商代後期
著録:《安陽殷墟郭家莊商代墓葬》80 頁
出土:河南安陽市殷墟郭家莊 M160:111
現藏:中國社會科學院考古研究所

920 亞址方斝

亞
址。

字數:2
度量:通高 43.4 釐米,重 7.4 千克
時代:商代後期
著録:《安陽殷墟郭家莊商代墓葬》80 頁
出土:河南安陽市殷墟郭家莊 M160:173
現藏:中國社會科學院考古研究所

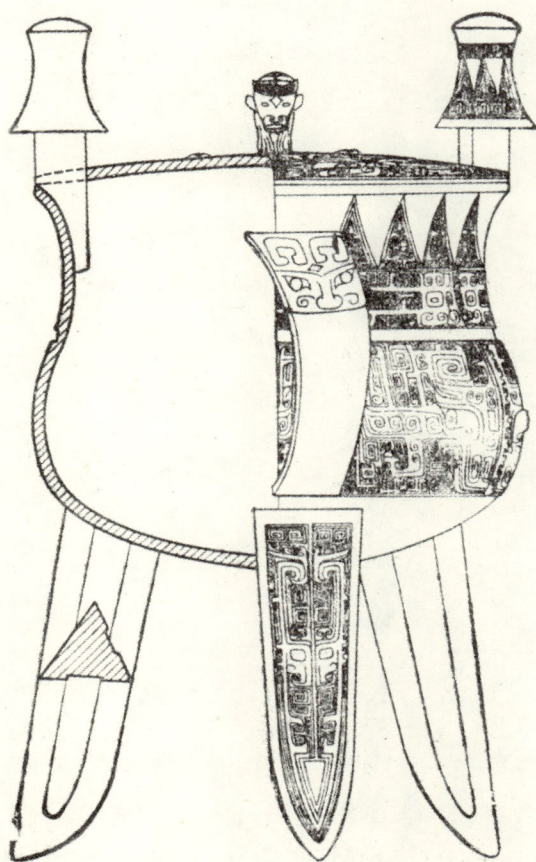

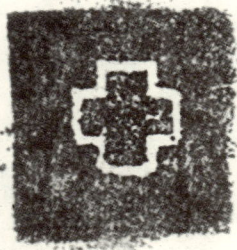

（底）

亞

（腹）

羍。

字數：2（腹 1 底 1）
度量：通高 29.3 釐米
時代：商代後期
著録：《考古》1992 年 6 期 510—514 頁
出土：1980 年冬河南安陽市大司空村墓葬
現藏：中國社會科學院考古研究所安陽工作隊

922 子□斝

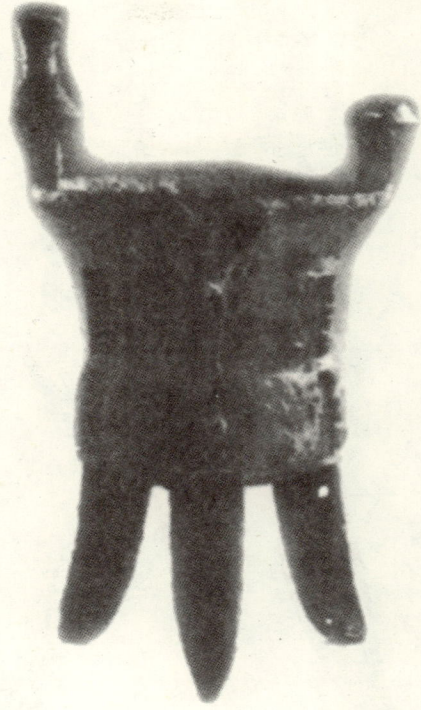

子
□。

字數:2
度量:通高 33.5 釐米, 口徑 24.3 釐米
時代:商代後期
著録:《東南文化》1991 年 2 期 269 頁
現藏:江蘇南京博物館

923 夆旅斝

夆旅。

字數：2
度量：通高 33.5 釐米
時代：商代後期
著錄：富士比（1986，6，10：49）
流傳：英國倫敦富士比拍賣行

924 亞叟址圓斝

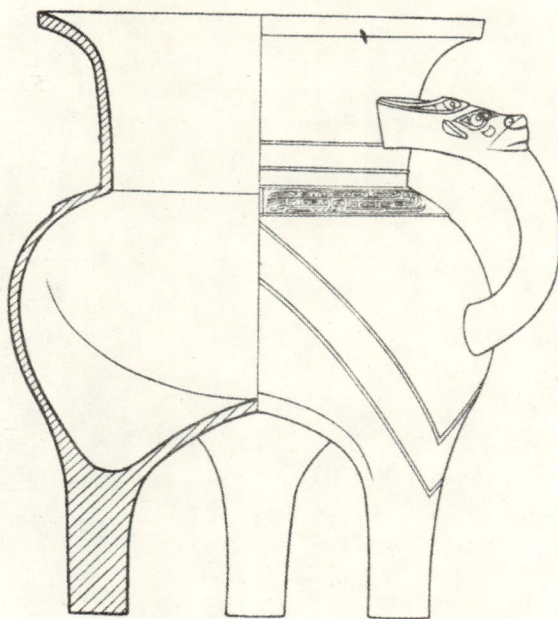

址 亞
。 叟

字數:3
度量:通高 27.5 釐米,重 5.35 千克
時代:商代後期
著錄:《安陽殷墟郭家莊商代墓葬》83 頁
出土:河南安陽殷墟郭家莊 M160:174
現藏:中國社會科學院考古研究所

925 亞𠄎其斝

亞
𠄎
其。

字數：3
度量：通高 25.2 釐米，重 2 千克
時代：商代後期
著録：《文物》1992 年 6 期 72 頁
出土：1991 年 11 月陝西岐山縣北郭鄉樊村
現藏：陝西岐山縣博物館

926 爻父乙斝

爻。父乙。

字數：3
度量：通高 28.3 釐米
時代：西周早期
著錄：《考古與文物》1991 年 1 期 3—13 頁
出土：1927 年陝西寶雞市金臺區陳倉鄉戴家灣盜掘

927 ✸父癸斝

父癸。✸。

字數:3
度量:通高 20.7 釐米
時代:西周早期
著錄:富士比(1986,6,10;45)
流傳:英國倫敦富士比拍賣行

928 敇觥蓋

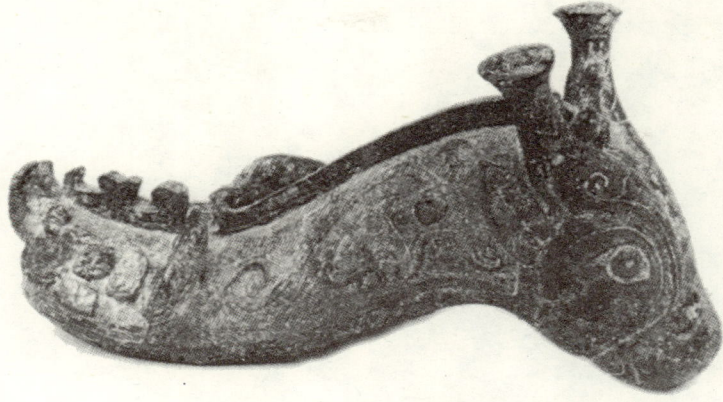

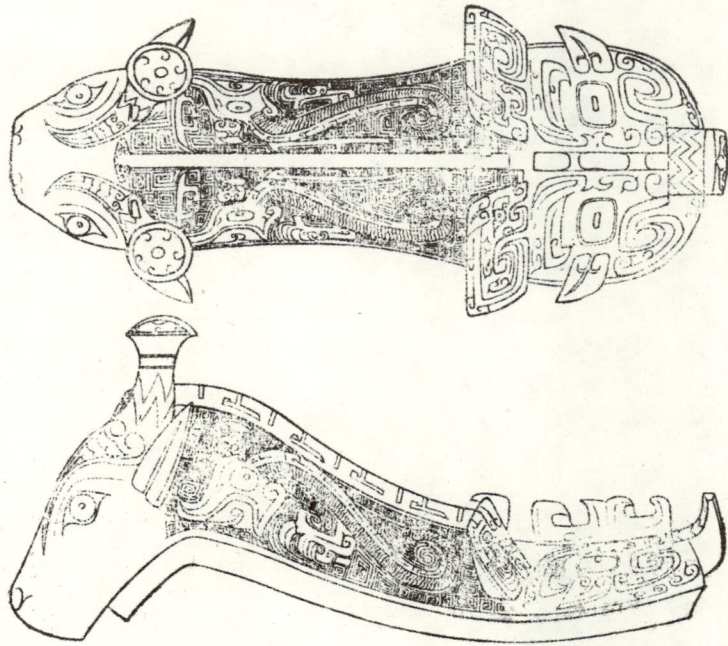

敇。

字數:1
度量:通高 13.7 釐米
時代:商代後期
著録:《考古》1993 年 10 期 883—896 頁
出土:1991 年河南安陽市后岡墓葬 M9:1
現藏:中國社會科學院考古研究所安陽工作隊

401

929 告田觥

告田。

字數：2
度量：通高 31.7 釐米
時代：西周早期
著録：《考古與文物》1991 年 1 期 3—13 頁
出土：1927 年陝西寶雞市金臺區陳倉鄉戴家灣盜掘

930 兄觥

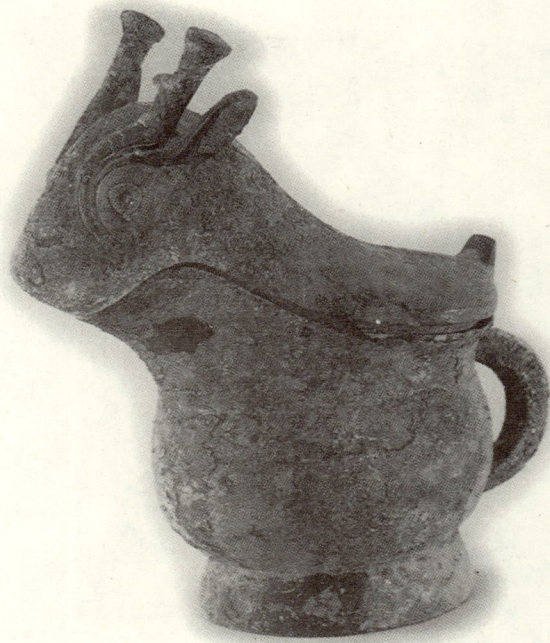

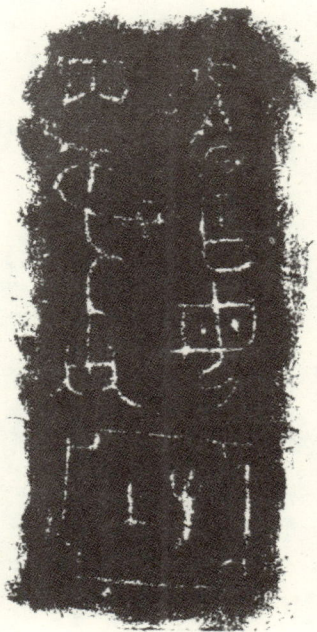

兄作母
丙彝。亞址。

字數:7
度量:通高 19.2 釐米,重 1.05 千克
時代:商代後期
著録:《安陽市殷墟郭家莊商代墓葬》38 頁
出土:河南安陽市殷墟郭家莊 M53:4
現藏:中國社會科學院考古研究所

931 ⺇ 盉

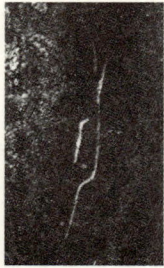

字數:1
度量:通高 23 釐米
時代:商代後期
著録:《歐洲所藏中國青銅器遺珠》圖版 53
現藏:德國慕尼黑國立民間藝術博物館

932 夆盉

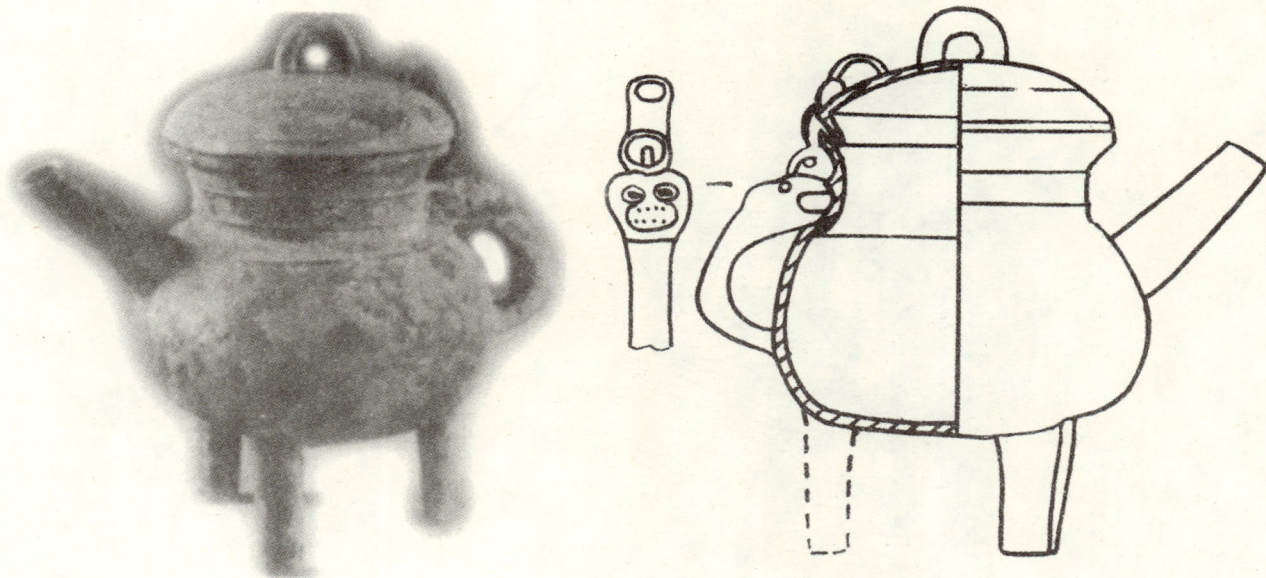

夆。

字數：1
度量：通高 19.1 釐米
時代：西周早期
著録：《文物》1996 年 12 月 7—10 頁
出土：1985 年 5 月山東濟陽縣姜集鄉劉臺子村墓葬 M6：13
現藏：山東省文物考古研究所

933 亞址盉

亞
址。

字數:2
度量:通高 30.7 釐米,重 3.1 千克
時代:商代後期
著錄:《安陽市殷墟郭家莊商代墓葬》80 頁
出土:河南安陽市殷墟郭家莊 M160:74
現藏:中國社會科學院考古研究所

406

934 作彝盉

作彝。

字數:2
度量:通高 20 釐米
時代:西周早期
著録:《考古與文物》1991 年 1 期 3—13 頁
出土:1927 年陝西寶鷄市金臺區陳倉鄉戴家灣盜掘

935 盉父丁盉

父丁。盉。

字數:3
度量:通高 22.8 釐米
時代:西周早期
著錄:《考古與文物》1993 年 5 期 8 頁
出土:1988 年 9 月陝西延長縣安溝鄉岔口村
現藏:陝西延長縣文物管理委員會

936 戈父丁盉

（蓋）　　　　（器）

戈。
父丁。

字數:3(蓋器同銘)
度量:通高 27 釐米
時代:西周早期
著錄:《考古》1990 年 10 期 879—881 頁
出土:1988 年 7 月陝西麟遊縣九成宮鎮後坪村
現藏:陝西麟遊縣博物館

937 羋父辛盉

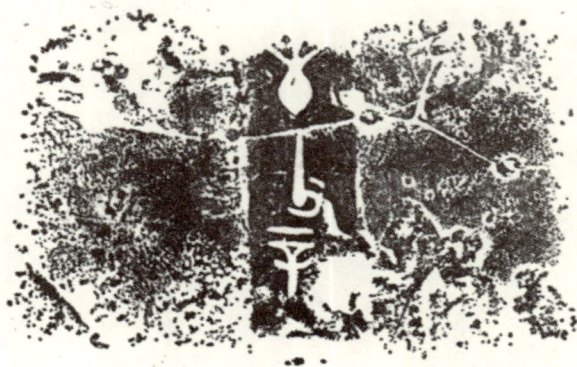

羋。父辛。

字數：3
度量：通高 27.4 釐米，重 2.48 千克
時代：西周早期
著録：《琉璃河西周燕國墓地》196 頁
出土：1973—1977 年北京房山縣琉璃河 M253：10
現藏：北京市文物研究所

938 子彈盉

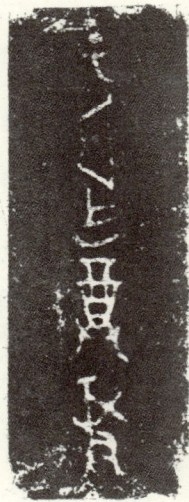

（蓋）

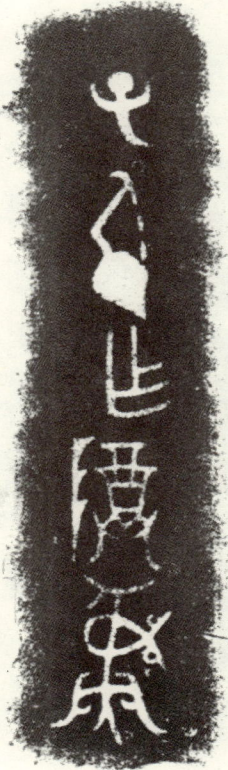

（器）

子彈作尊彝。

字數：5（蓋器同銘）
度量：通高 30 釐米，重 4 千克
時代：西周早期
著録：《高家堡戈國墓》91 頁
出土：1991 年陝西涇陽縣興隆鄉高家堡 M4：18
現藏：陝西涇陽縣博物館

939 獸宮盉

作獸宮
彝，永寶。

字數:6
度量:通高 24.1 釐米
時代:西周中期
著録:《文物》1998 年 9 期 7—11 頁
出土:河南平頂山市新華區薛莊鄉北
　　　滍村滍陽嶺應國墓地 M84:28
現藏:河南省文物研究所

940 樛大盉

四斤。
大官四升。
樛大。

字數：8
度量：通高 12.9 釐米
時代：戰國後期
著録：《考古與文物》1989 年 6 期 104 頁
出土：1974 年春陝西咸陽市渭城區窯店鎮黃家溝
現藏：陝西咸陽市博物館

941 吳王夫差盉

吉敔王夫差吳金，鑄女子之器。

字數：12（銘文環讀）
度量：通高 27.8 釐米
時代：春秋後期
著録：《上海博物館集刊》1996 年第 7 期 18—20 頁
流傳：香港何鴻章先生出資捐贈
現藏：上海博物館

942 克盉

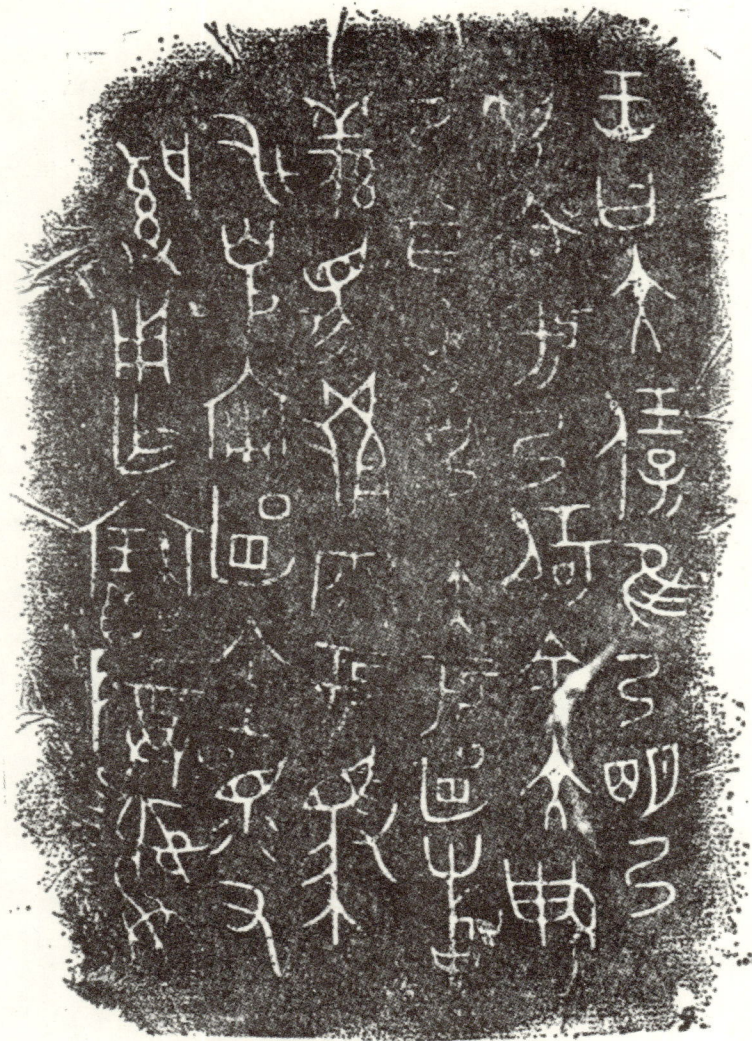

王曰：太保，唯乃明，乃

鬯享于乃辟，余大封。

乃享，令克侯于匽。剿

羌豸，祖于御。剿

微。克來匽，入土眾有

嗣，用作寶尊彝。

字數：43（蓋器同銘）
度量：通高 26.8 釐米
時代：西周早期
著錄：《考古》1990 年 1 期 25—30 頁
出土：1986 年 10—11 月北京房山區琉璃河墓葬 M1193：167
現藏：北京市文物研究所琉璃河考古隊

943 匍盉

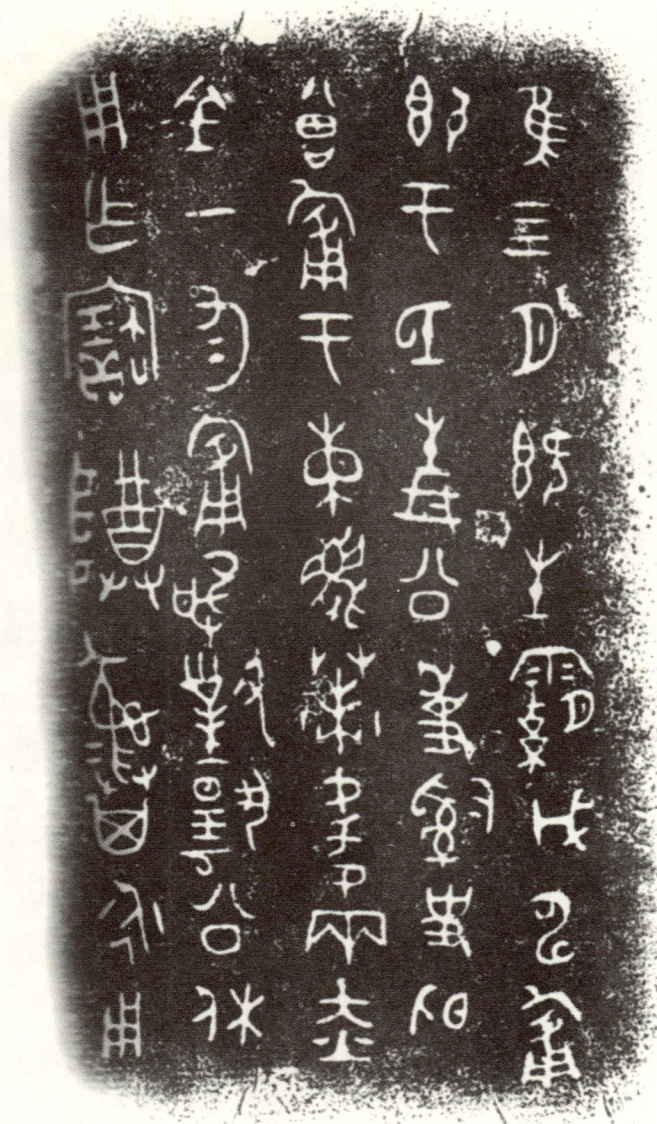

唯四月既生霸戊申，匍
即于氏。青公使𧆥史伯
贈匍于𣏫，戠萘韋兩，赤
金一鈞。匍敢對揚公休，
用作寶尊彝，其永用。

字數：44
度量：通高 26 釐米
時代：西周早期
著録：《文物》1998 年 4 期 88—91 頁
出土：1988 年 11 月河南平頂山市應國墓地
現藏：河南省文物研究所

944 夨壺

字數:1
度量:通高 36.7 釐米
時代:商代後期
著録:富士比(1984,6,19:8)
流傳:Oeder 舊藏;英國倫敦富士比拍賣行

945 子壺

子。

字數:1
度量:通高 59.7 釐米
時代:西周早期
著録:佳士得(1989,6,2:99)
流傳:英國倫敦佳士得拍賣行

946 宁戈壶

（器）　　　（蓋）

宁
戈。

字數：2（蓋器同銘）
度量：通高 47 釐米
時代：西周晚期
著録：《考古與文物》1990 年 5 期 26—43 頁
出土：陝西長安縣馬王鎮新旺村
現藏：陝西西安市文物中心

947 葡𢦏壺

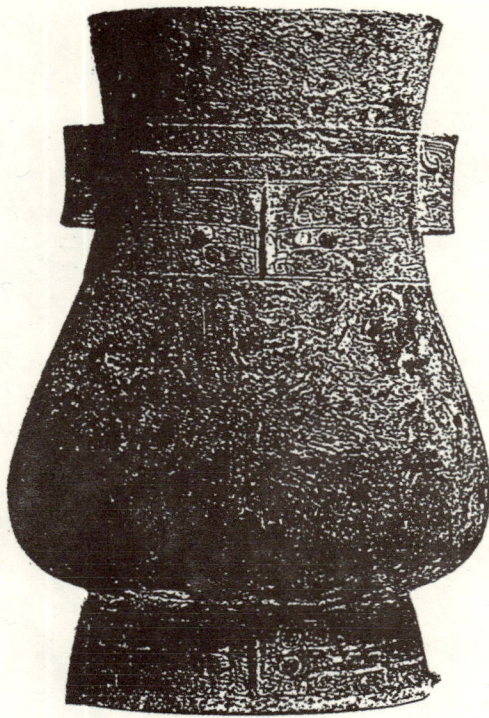

葡𢦏。

字數:2
度量:通高 35.7 釐米
時代:商代後期
著錄:富士比(1982,6,15:108)
流傳:英國倫敦富士比拍賣行

948 父丁壺

父
丁
。

。

字數:3
度量:通高 26 釐米
時代:西周早期
著録:《歐洲所藏中國青銅器遺珠》圖版 48
流傳:英國倫敦戴迪野拍賣行

949 刀父己壺

（内底）

父
己。

（底外壁）

刀。

字數:3
度量:通高 36.3 釐米,重 3.25 千克
時代:西周早期
著録:《寶鷄強國墓地》(上)69 頁
出土:陝西寶鷄竹園溝 13 號墓 M13:24
現藏:陝西寶鷄市博物館

950 爵父癸壺

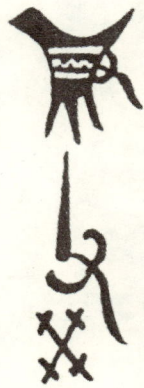

爵。父癸。

字數：3
度量：通高 25 釐米
時代：西周早期
著錄：富士比(1975,12,9:7)
流傳：英國倫敦富士比拍賣行

951 薛侯壺

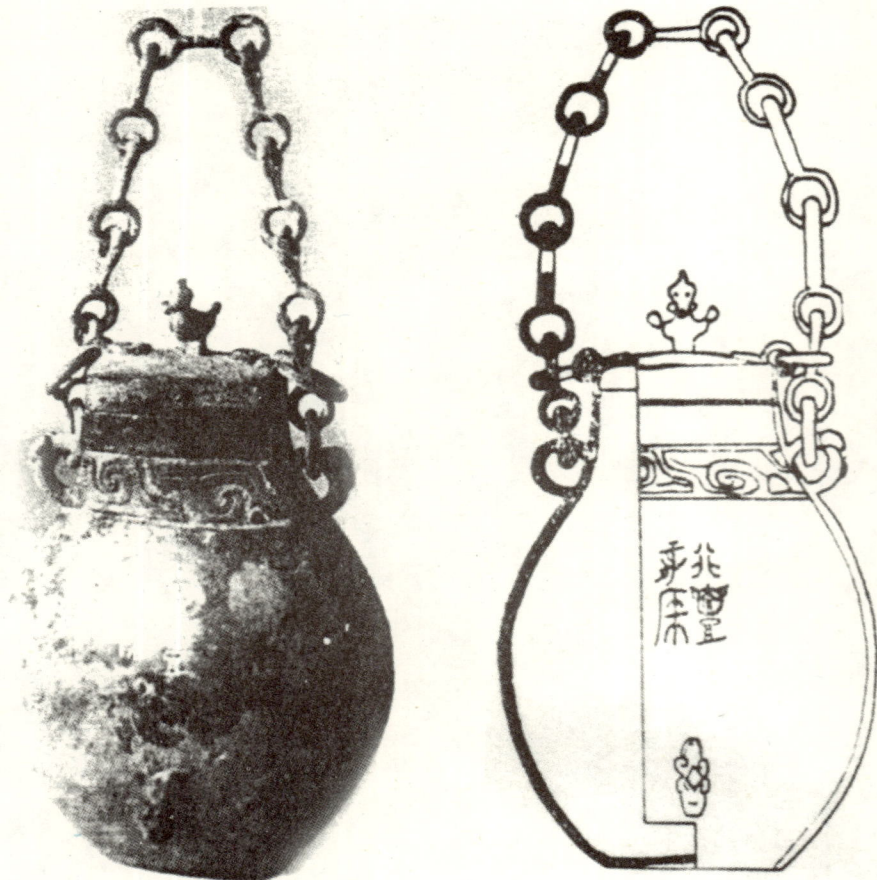

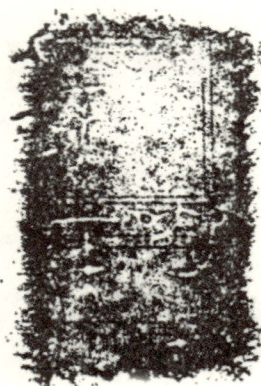

行
壺
。
薛
侯

字數:4
度量:通高 22 釐米
時代:春秋前期
著録:《考古學報》1991 年 4 期 467—478 頁
出土:1978 年 10—11 月山東滕州市薛國故城墓葬 M3:9
現藏:山東濟寧市文物管理局

952 君子壺

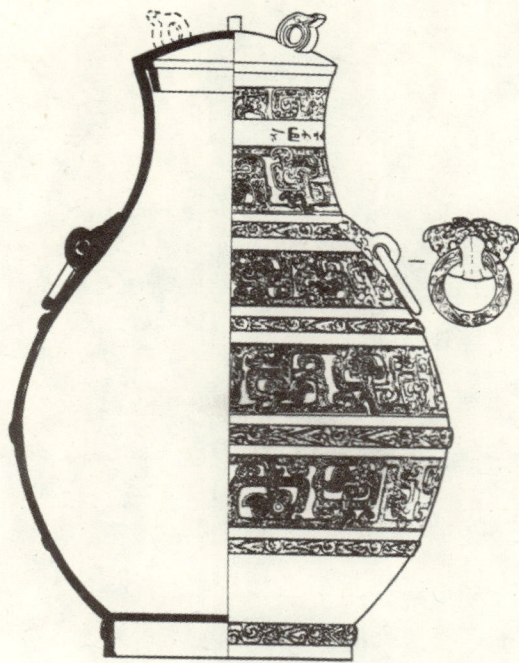

□君子之壺。

字數:5
度量:通高 41 釐米
時代:春秋後期
著録:《文物季刊》1997 年 1 期 103—104 頁
出土:1993 年 3 月山西稷山縣城關鎮下廉城村
現藏:山西稷山縣博物館

953 康伯壺蓋

康伯作鬱壺。

字數:5
度量:通高 12.1 釐米,重 0.96 千克
時代:西周早期
著録:《文物》1995 年 11 期 72—73 頁
出土:1972 年 3 月河南洛陽北窰西周貴族墓地 M701

954 能溪壺

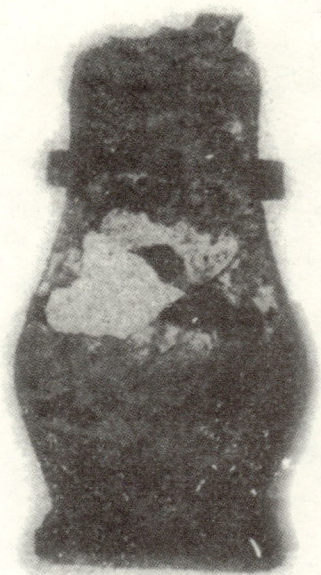 

能溪作
寶壺。

字數:5
度量:通高 40 釐米
時代:西周早期
著録:《文物》1986 年 8 期 69—71 頁
出土:1980—1981 年山東黃縣莊頭村墓葬

955 秦公壺

秦公作
鑄尊壺。

字數：6
度量：通高 52 釐米
時代：西周晚期
著録：《中國文物報》1994 年 42 期 3 版
流傳：1994 年夏美國紐約拉利行(《James Lally》圖 54)

956 秦公壺

秦公作
鑄尊壺。

字數:6
度量:通高 52 釐米
時代:西周晚期
著録:《中國文物報》1994 年 42 期 3 版
流傳:1994 年夏美國紐約拉利行(《James Lally》圖 54)

957 右冶尹壺

 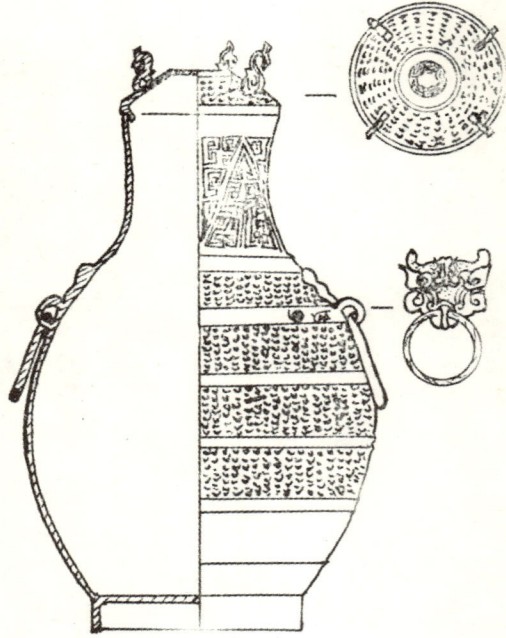

（左鋪首） （蓋沿） （口沿） （右鋪首）

西宮。 右冶尹。 右冶尹。 匽。

字數：6
度量：通高 50 釐米，口徑 13 釐米
時代：戰國後期
著録：《考古》1993 年 3 期 236 頁
出土：1981 年河北容城縣晾馬臺鄉南陽村東周燕國遺址
備注：銘文分佈在口沿、鋪首、蓋沿等處

958 虢季壺

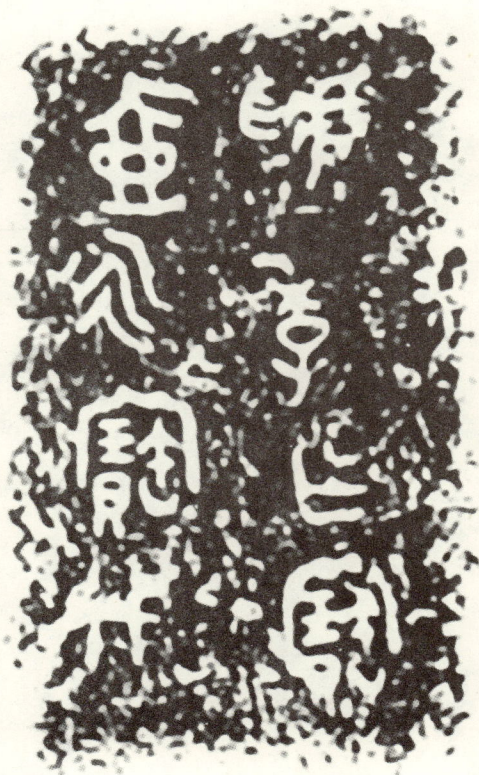

號季作寶
壺，永寶用。

字數：8
度量：通高 49.5 釐米，重 10.5 千克
時代：西周晚期
著錄：《三門峽虢國墓》上册 63 頁
出土：河南三門峽市虢國墓地 M2001：90
現藏：河南三門峽市文物工作隊

433

959 虢季壺

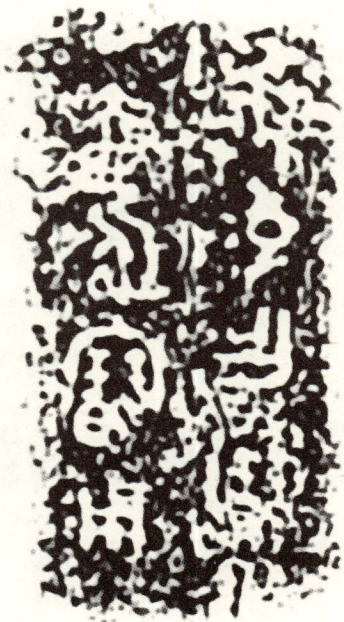

虢季作寶
壺，永寶用。

字數:8
度量:通高 48.1 釐米,重 10.5 千克
時代:西周晚期
著録:《三門峽虢國墓》上册 65 頁
出土:河南三門峽市虢國墓 M2001:92
現藏:河南三門峽市文物工作隊

960 楊姞壺

（蓋）

楊姞作羞
醴壺，
永寶
用。

（器）

楊姞作羞醴
壺，永寶用。

字數：9（蓋器同銘）
度量：通高 35.8 釐米
時代：西周晚期
著錄：《文物》1994 年 8 期 5—20 頁
出土：1993 年 9 月 11 日山西曲沃縣曲村鎮
　　　北趙村天馬—曲村遺址 M63：81
現藏：山西省考古研究所

961 番叔壺

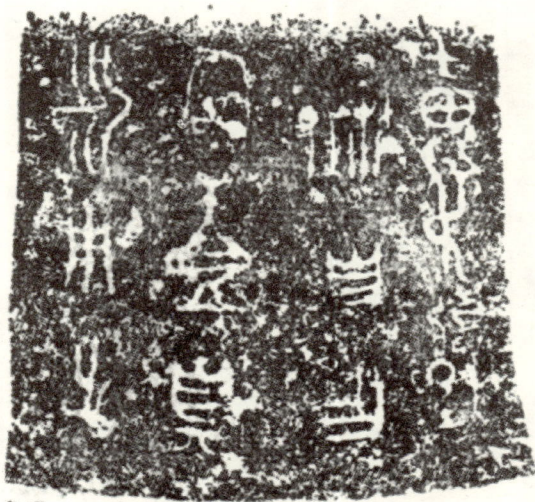

番叔□
俟自作
霝壺，其
永用之。

字數：12
度量：通高 25 釐米，口徑 8 釐米
時代：春秋後期
著録：《考古》1989 年 1 期 21 頁
出土：1986 年六月河南信陽縣五星鄉平西村墓葬
現藏：河南信陽市文物管理委員會

962 晉侯僰馬圓壺

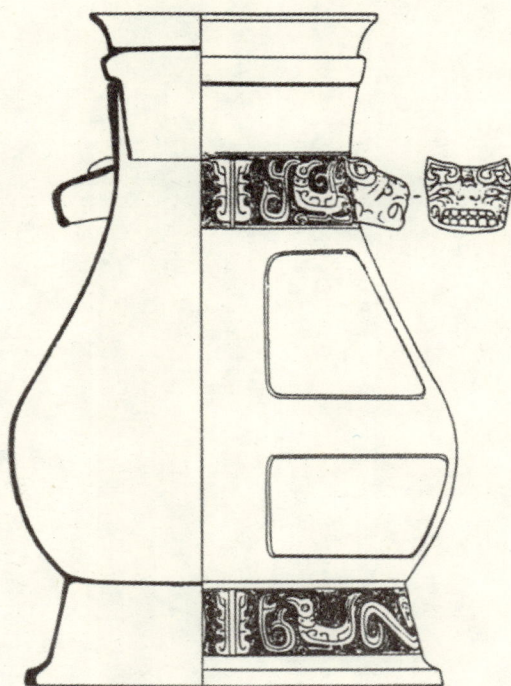

晉侯僰馬
作寶尊壺，
其永寶用。

字數：12
度量：通高 42.6 釐米
時代：西周晚期
著録：《文物》1995 年 7 期 6—23 頁
出土：1994 年 5—10 月山西曲沃縣曲村鎮
　　　北趙村天馬—曲村遺址 M92:4
現藏：山西省考古研究所

963 彭伯壺

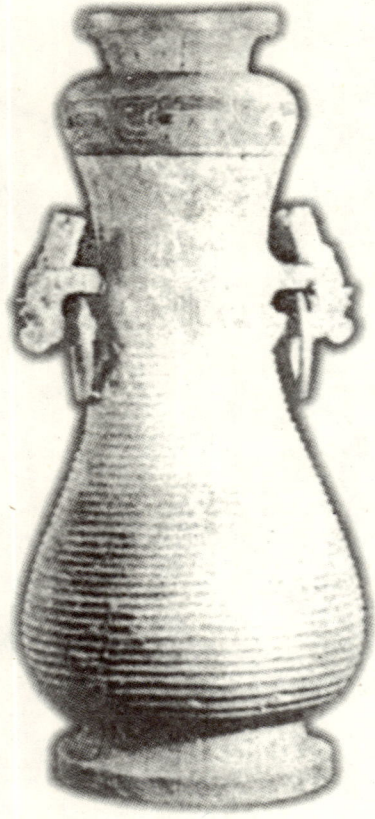

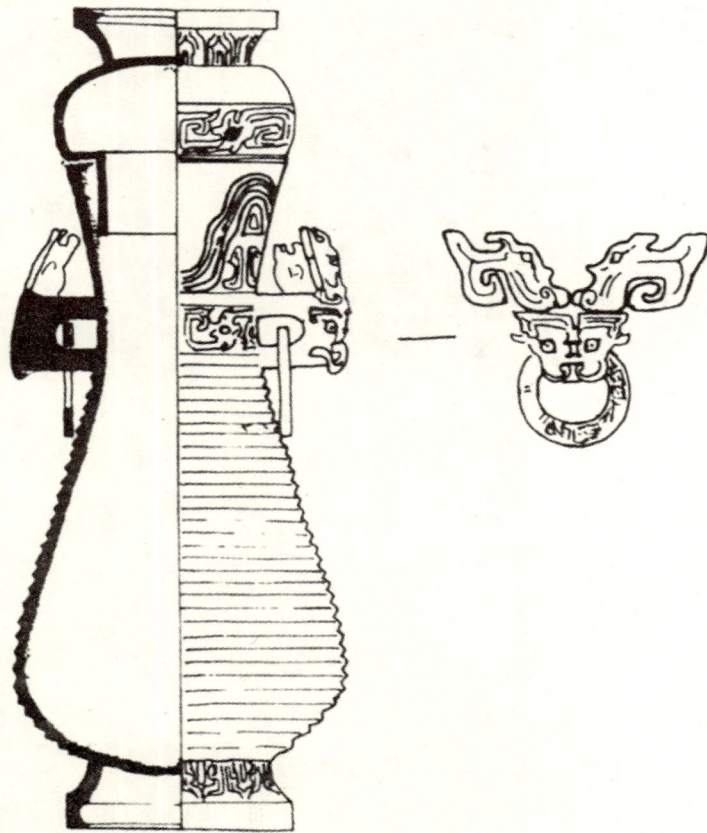

438

（蓋）

彭伯自
作醴壺，
其子孫永
寶用之。

（器）

彭伯自作醴
壺，其子孫
永寶用之。

字數：13（又重文 2，蓋器同銘）
度量：通高 50 釐米
時代：春秋前期
著錄：《文物》1997 年 12 期 58—60 頁
流傳：1974 年 11 月南陽市博物館在廢品公司
　　　收購站得一銅壺蓋
現藏：河南南陽市博物館

964 彭伯壺

字數：13（又重文 2，蓋器同銘）
時代：春秋前期
著錄：《文物》1997 年 12 期 58—60 頁
流傳：1974 年 2 月河南南陽市西關煤場
現藏：河南南陽市博物館

（蓋）

彭伯自
作醴壺，
其子孫永
寶用之。

（器）

彭伯自作醴
壺，其子孫
永寶用之。

441

四斗大半斗。
卅六年，邦工師□、
工□□。

字數：15
度量：通高 38.9 釐米
時代：戰國後期
著録：《文物》1986 年 4 期 21 頁
出土：1981 年 6 月湖北隨州市環城磚瓦廠墓葬
現藏：湖北隨州市博物館

967 蘇衛壺

蘇衛作
壺，衛其
萬年子=
孫=永寶
用享。牵。

字數：15（又重文 2）
度量：通高 49 釐米
時代：西周中期
著録：《考古與文物》1993 年 5 期 8 頁
出土：1988 年 9 月陝西延長縣安溝鄉岔口村
現藏：陝西延長縣文物管理委員會

968 晉叔家父壺

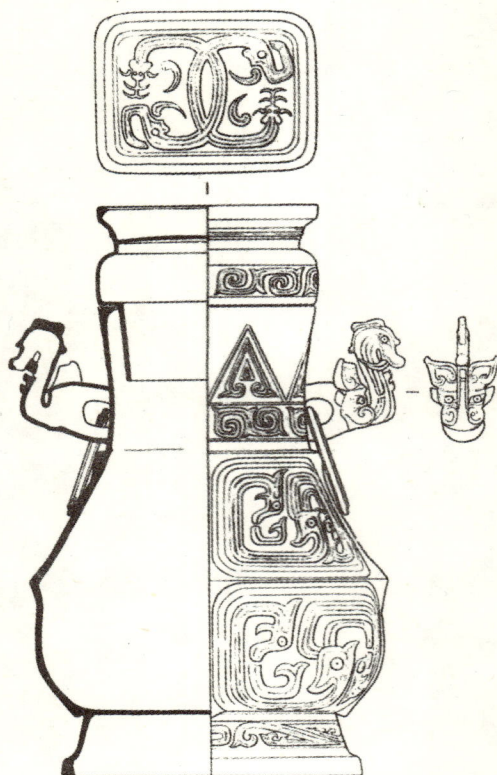

晉叔家父
作尊壺，其
萬年子孫
永寶用享。

字數：16(又重文 2)
度量：通高 50.8 釐米
時代：西周晚期
著録：《文物》1995 年 7 期 6—23 頁
出土：1994 年 5—10 月山西曲沃縣曲村鎮北趙村
　　　天馬—曲村遺址 M93：31
現藏：山西省考古研究所
備注：另有一件同銘

969 晉侯斯壺

唯九月初吉庚午，
晉侯斯作尊壺。
用享于文祖皇
考，萬億永寶用。

字數：25
度量：通高 68.8 釐米
時代：西周晚期
著録：《文物》1994 年 1 期 16、19 頁
出土：1992 年 10 月 16 日山西曲沃縣曲村鎮北趙村
　　　天馬—曲村遺址 M8：26
現藏：山西省考古研究所

970 蔡公子湯叔壺

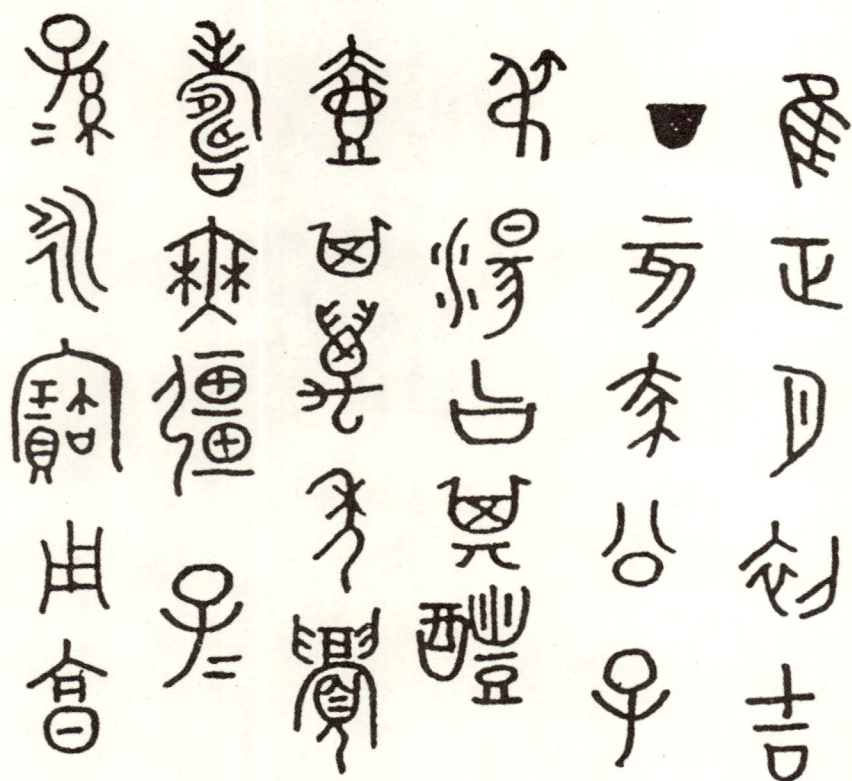

唯正月初吉
丁亥，蔡公子
叔湯作其醴
壺。其萬年眉
壽無疆，子=
孫=永寶用享。

字數：29（又重文2）
度量：通高29.5釐米
時代：春秋後期
著錄：《中國文字》新廿二期（抽印本）151—164頁
流傳：1989年某收藏家私有；1990年10到12月香港市政局
　　　及香港東方陶瓷學會聯合舉辦"中國古代與鄂爾多斯
　　　青銅器展覽"展出；《青銅器聚英》圖33

971 晉侯僰馬壺

唯正月初吉，晉侯僰馬
既爲寶盂，則作尊壺。用
尊于宗室，用享用孝，用祈壽
老。子孫其萬年永是寶用。

字數：39(又重文 2)
時代：西周晚期
著録：《文物》1995 年 7 期 6—23 頁
出土：1994 年 5—10 月山西曲沃縣曲村鎮北趙村
　　　天馬—曲村遺址 M33
現藏：山西省考古研究所

972 晉侯僰馬壺蓋

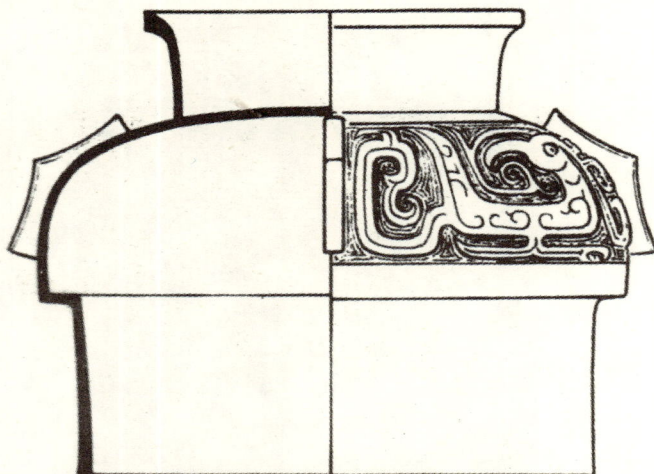

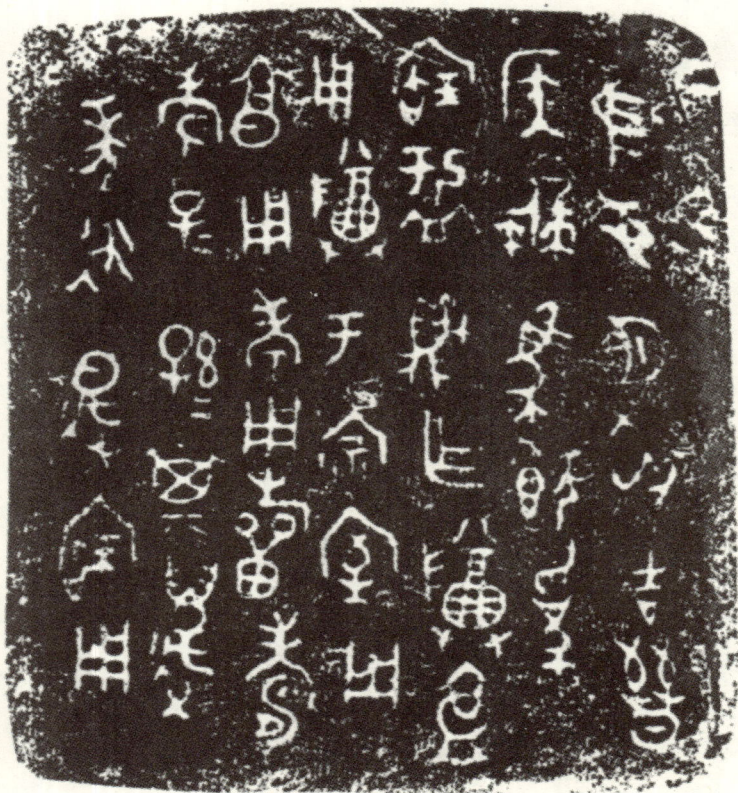

唯正月初吉，晉
侯僰馬既爲
寶盂，則作尊壺。
用尊于宗室，用
享用孝，用祈壽
老。子孫其萬
年永是寶用。

字數:39(又重文 2)
度量:通高 13.5 釐米
時代:西周晚期
著錄:《文物》1995 年 7 期 6—23 頁
出土:1994 年 5—10 月山西曲沃縣曲村鎮北趙村天
　　　馬—曲村遺址 M91:57
現藏:山西省考古研究所

973 爰罍

爰。

字數:1
度量:通高 38.6 釐米,口徑 16.9 釐米,重 7.45 千克
時代:商代後期
著録:《考古學報》1991 年 3 期 333—342 頁
出土:1984 年 10—11 月河南安陽市戚家莊東 269 號墓
現藏:河南安陽市文物工作隊

974 融罍

融。

字數：1
度量：通高 30.4 釐米，口徑 15.4 釐米
時代：商代後期
著録：《海岱考古》第一輯 256—266 頁
出土：1986 年春山東青州市蘇埠屯墓葬 M8：10
現藏：山東青州市博物館

975 武方罍

武。

字數:1
度量:通高 32.6 釐米
時代:商代後期
著録:《歐洲所藏中國青銅器遺珠》圖版 51
現藏:德國柏林東亞藝術博物館

453

976 鳶方罍

鳶。

字數:1(蓋器同銘)
度量:通高 50.1 釐米
時代:商代後期
著錄:《歐洲所藏中國青銅器遺珠》圖版 50
現藏:德國慕尼黑國立民間藝術博物館

454

冂。

字數：1
時代：商代後期
著録：《文物》1986 年 11 期 14 頁
出土：1985 年 1 月山西靈石縣旌介村墓葬 M2：45
現藏：山西靈石縣文化局

978 亞址罍

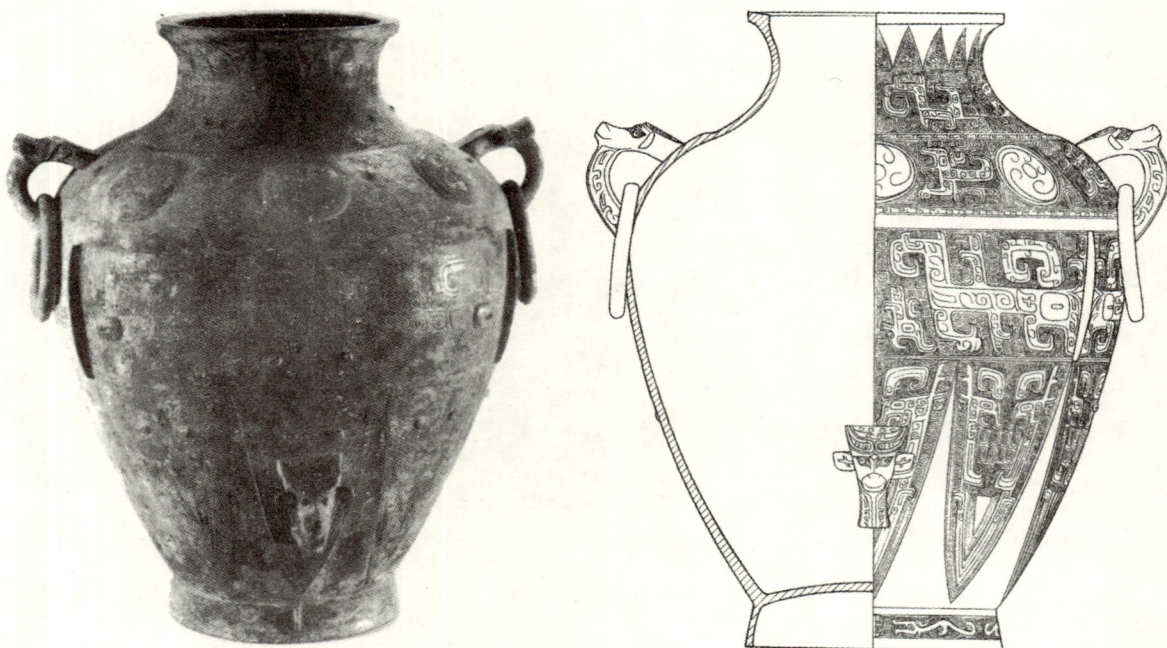

亞址。

字數:2
度量:通高 44.8 釐米,口徑 17.5 釐米,重 14.2 千克
時代:商代後期
著錄:《安陽市殷墟郭家莊商代墓葬》80 頁
出土:河南安陽市殷墟郭家莊 M160:140
現藏:中國社會科學院考古研究所

979 亞酰罍

字數:2(蓋器同銘)
度量:通高 42 釐米,口徑 13.4 釐米
時代:商代後期
著録:《海岱考古》第一輯 320—324 頁
現藏:山東濟南市博物館

980 子媚罍

子媚。

字數：2
度量：通高 40.5 釐米
時代：西周早期
著録：富士比（1985,12,10;19）
流傳：英國倫敦富士比拍賣行

981 婦妃罍

婦
妃。

字數:2
度量:通高 16.9 釐米,重 0.8 千克
時代:西周早期
著録:《寶鷄強國墓地》(上)113 頁
出土:陝西寶鷄市竹園溝 7 號墓 M7:332
現藏:陝西寶鷄市博物館

史作彝。

字數:3
度量:通高 45.3 釐米
時代:西周早期
著録:富士比(1973,11,16:6)
流傳:英國倫敦富士比拍賣行

983 父丁罍

父丁。　川子。

字數:4
度量:通高 44.5 釐米
時代:商代後期
著録:《文物》1989 年 12 期 91—92 頁
出土:河南武陟縣寧郭村
現藏:河南武陟縣博物館

984 ✳繭父戊罍

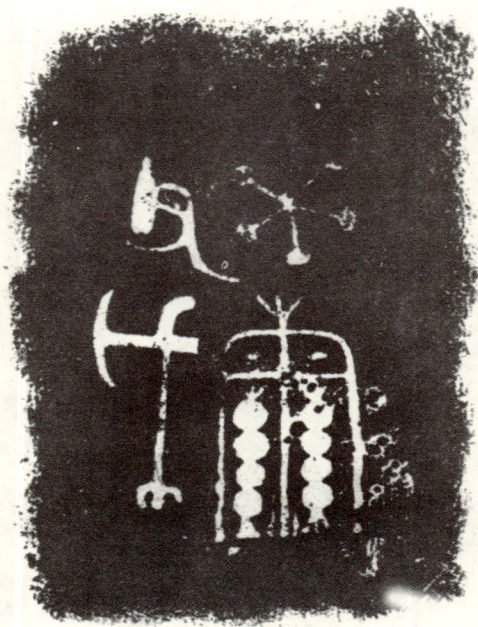

繭✳
父
戊。

字數:4
度量:通高 44 釐米,口徑 19 釐米,重 15 千克
時代:西周早期
著録:《高家堡戈國墓》91 頁
出土:1991 年陝西涇陽縣興隆鄉高家堡 M4:3
現藏:陝西涇陽縣博物館

985 工妐父己罍

工妐。父己。

字數：4
度量：通高 44 釐米，口徑 19 釐米，重 15 千克
時代：西周早期
著録：《高家堡戈國墓》91 頁
出土：1991 年陝西涇陽縣興隆鄉高家堡 M4:3
現藏：陝西涇陽縣博物館

986 𦅫兒罍

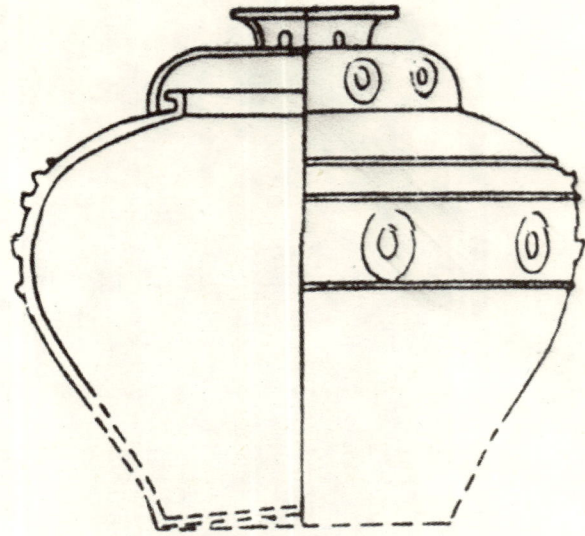

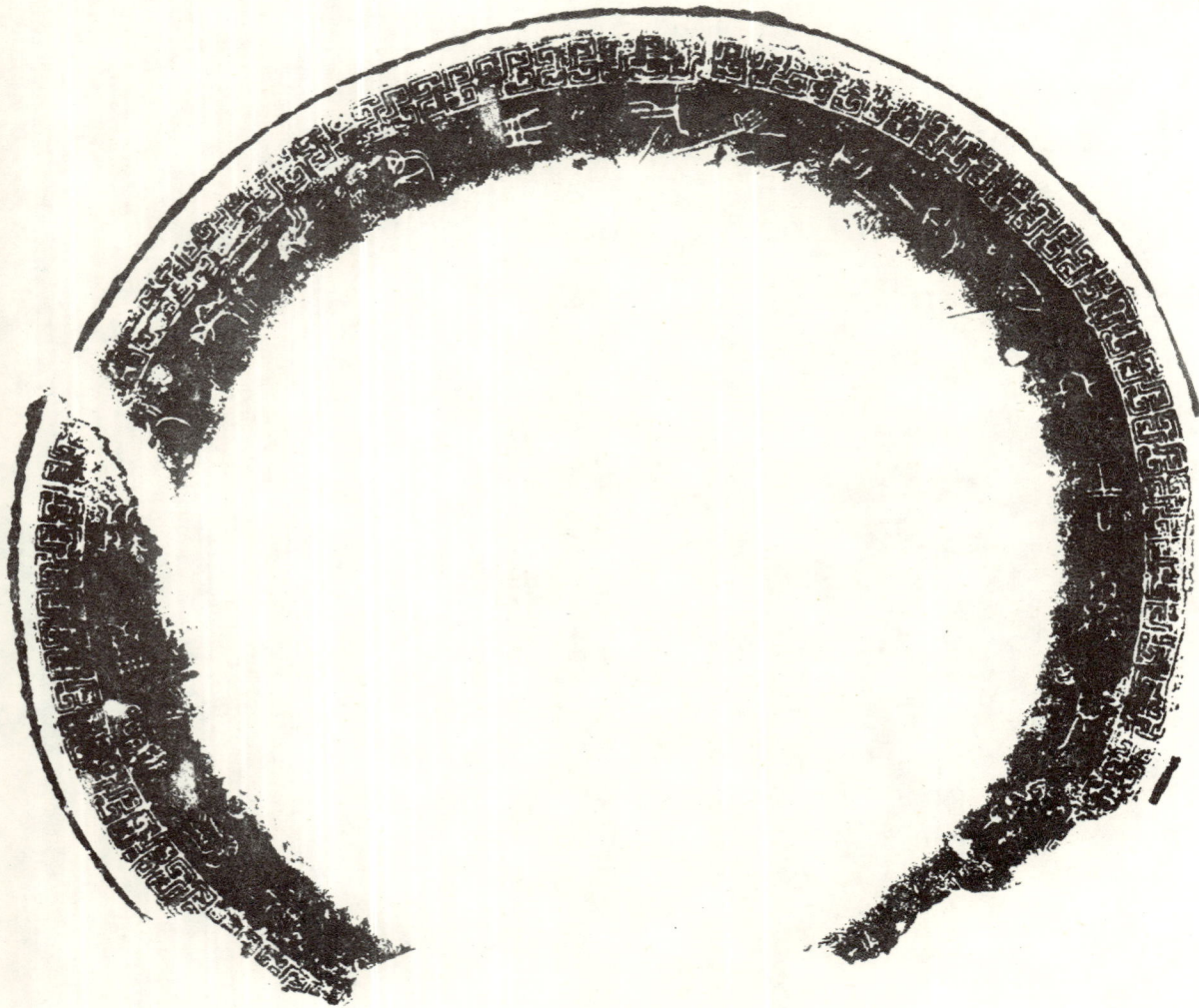

（此圖為原圖的二分之一）

唯正月初終吉，𦅫兒擇其吉金，〔自作〕寶罍，眉壽無期，子孫永保用之。

字數：26（又重文 2）
度量：通高 32 釐米，口徑 19.5 釐米
時代：春秋後期
著錄：《考古與文物》1988 年 3 期 75—76 頁
出土：湖北谷城縣墓葬
現藏：湖北穀城縣文化館

987 克罍

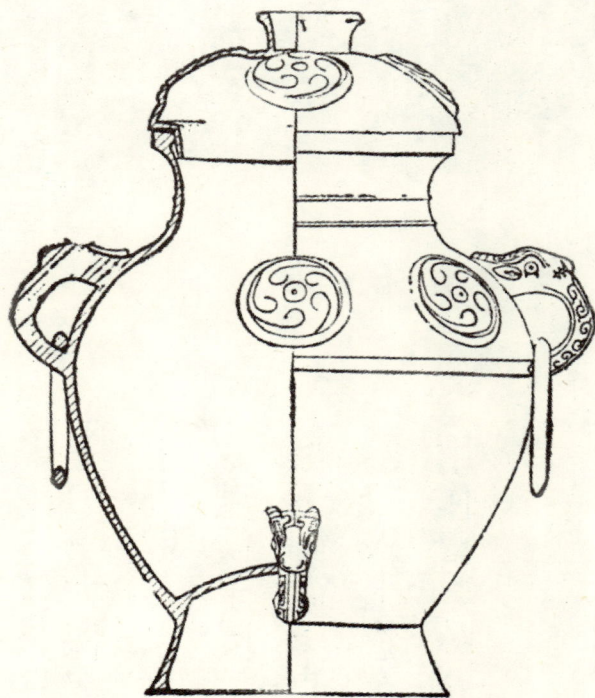

字數：43
度量：通高 32.7 釐米，口徑 14 釐米
時代：西周早期
著録：《考古》1990 年 1 期 25—30 頁
出土：1986 年 10—11 月北京房山區琉璃河墓葬 M1193：168
現藏：北京市文物研究所琉璃河考古隊

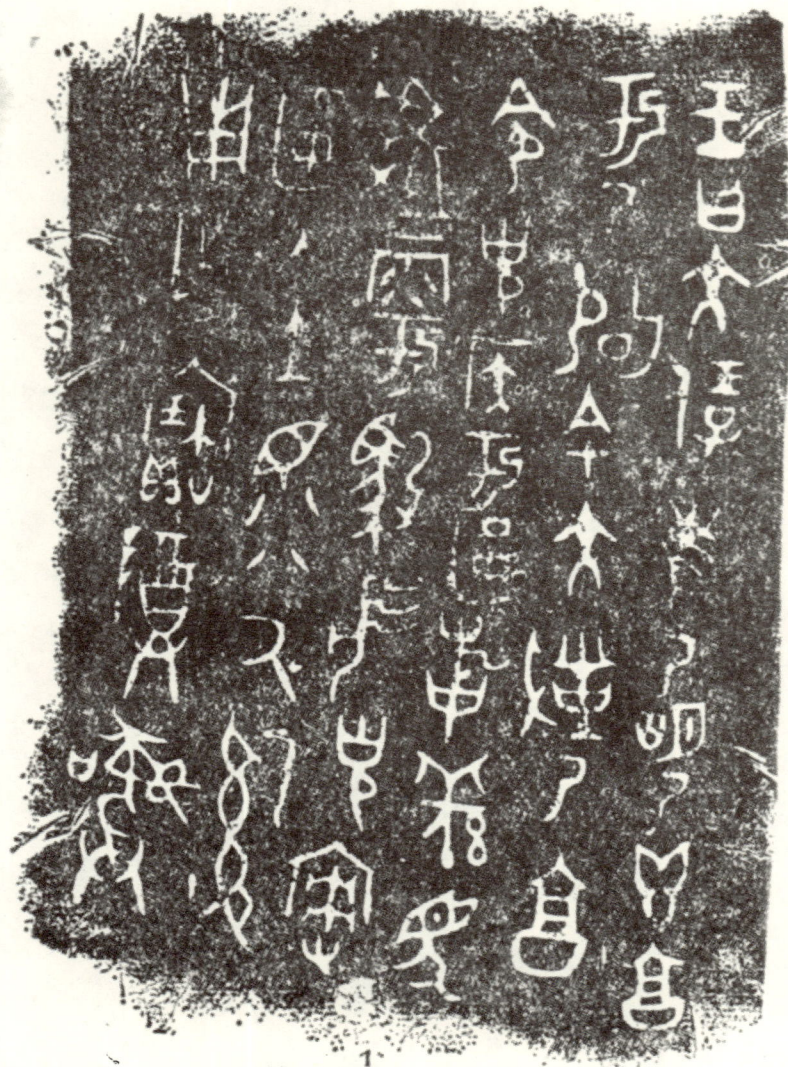

王曰：太保，唯乃明。乃邕享
于乃辟，余大封。乃享，
令克侯于匽。剗羌豕，
祖于御微。克來
匽，入土眾有嗣，
用作寶尊彝。

988 鼎方彝

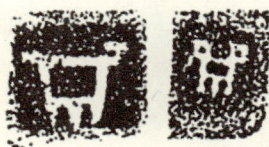

（器）　　（蓋）

鼎。

字數：1（蓋器同銘）
度量：通高 24 釐米
時代：商代後期
著錄：富士比（1990，6，12：7）
流傳：英國倫敦富士比拍賣行

989 觲方彝

觲。

字數：1
度量：通高 20.9 釐米
時代：商代後期
著録：《歐洲所藏中國青銅器遺珠》圖版 44
現藏：瑞士蘇黎世利特堡博物館

990 崒方彝

崒。

字數：1
度量：通高 23.7 釐米
時代：商代後期
著錄：《歐洲所藏中國青銅器遺珠》圖
版 43；富士比（1989,12,12:8）
現藏：英國倫敦富士比拍賣行

991 亞矣方彝

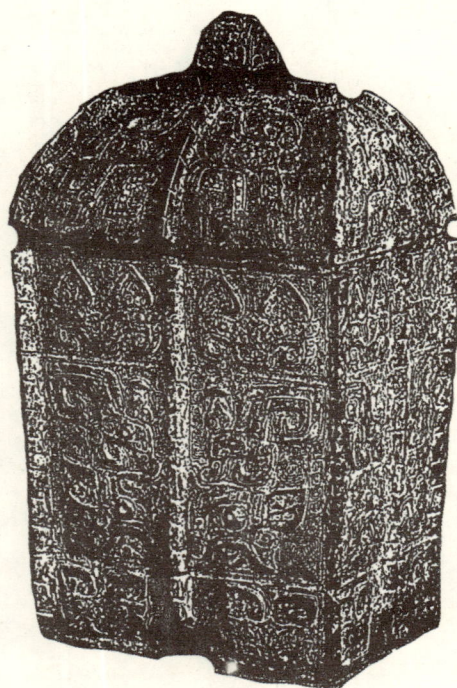

亞矣。

字數:2
度量:通高 22 釐米
時代:商代後期
著錄:富士比(1971,3,2:50)
流傳:英國倫敦富士比拍賣行

992 秝父方彝

秝父
。

字數:2
度量:通高 21.7 釐米
時代:商代後期
著錄:富士比(1970,11,17:25);《歐洲所藏中國
　　青銅器遺珠》圖版 42
流傳:英國倫敦富士比拍賣行;英國倫敦埃斯肯
　　納齊拍賣行

993 旅止囟方彝

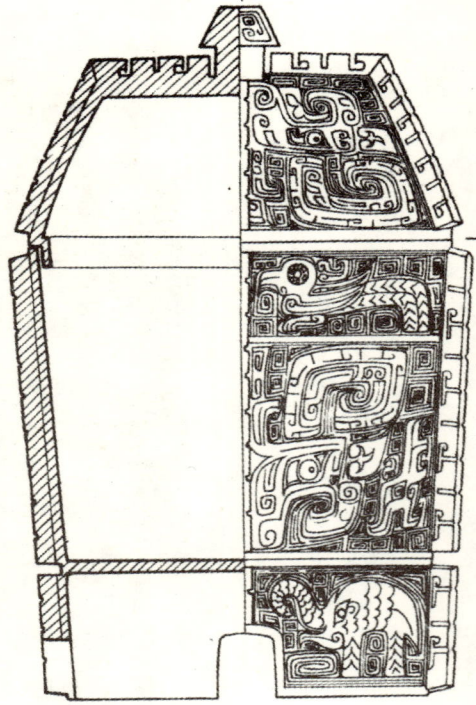

旅
止
囟。

字數:3
度量:通高 25.4 釐米
時代:商代後期
著録:《考古》1998 年 10 期 40 頁
出土:1995 年河南安陽市郭家莊東南 26 號墓 M26:35
現藏:中國社會科學院考古研究所安陽工作隊

994 王生女叙方彝

（蓋）

王生
女叙。

（器）

字數：4（蓋器同銘）
度量：通高 29.5 釐米，重 4.65 千克
時代：商代後期
著録：《故宮青銅器》96 頁
流傳：吴秀源先生捐贈
現藏：北京故宮博物院

995 企方彝蓋

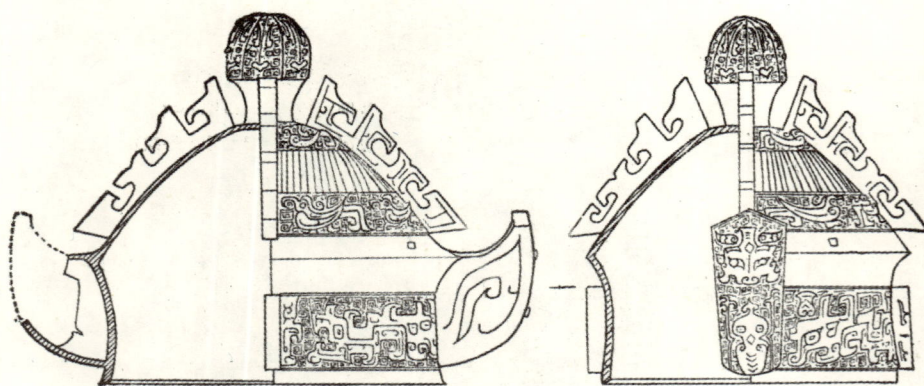

即冊。企肇貯用作
父乙寶尊彝。

字數:12
度量:通高 19.8 釐米
時代:西周早期
著錄:《考古》1989 年 1 期 10—18 頁
出土:1986 年 8 月河南信陽縣溮河港鄉溮河灘
現藏:河南信陽市文物管理委員會